保育士を育てる①
谷田貝 公昭［監修］

保育の心理学

瀧口 綾・福田 真奈［編著］

監修のことば

　本「シリーズ 保育士を育てる」は、保育士を養成する大学・短期大学・専門学校等のテキストとして利用されることを願って刊行するものである。

　本シリーズは、厚生労働省から出ている「保育士養成課程を構成する各教科目の目標及び教授内容について」に準拠したものである。また、ここで取り上げた各教科目は、保育士資格を取得するための必須科目となっているのである。

　保育士とは、「専門的知識及び技術をもつて、児童の保育及び児童の保護者に対する保育に関する指導を行うことを業とする者」（児童福祉法第18条の4）をいう。従前は、児童福祉施設の任用資格であったが、2001（平成13）年の児童福祉法の改正によって、国家資格となった。

　保育士の資格を取得するためには、大学・短期大学・専門学校等の指定保育士養成施設で所定の単位を取得して卒業して得るか、国家試験である保育士試験に合格して取得する方法とがある。

　よく「教育は結局人にある」といわれる。この場合の人とは、教育を受ける人（被教育者）を指すのではなく、教育をする人（教育者）を意味している。すなわち、教育者のいかんによって、その効果が左右されるという主旨である。

　このことは保育においても同じである。保育の成否は保育士の良否
にかかっていることは想像に難くない。保育制度が充実し、施設・設
備が整備され、優れた教材・教具が開発されたとしても、保育士の重
要性にはかわりない。なぜなら、それを使うのは保育士だからである。
いかに優れたものであっても、保育士の取り扱い方いかんによっては、
子どもの発達に無益どころか、誤らせることも起こり得るのである。
したがって保育士は、保育において中心的位置を占めている。

　各巻の編者は、それぞれの分野の第一線で活躍している人たちであ
る。各巻とも多人数の執筆者で何かと苦労されたことと推察し、お礼
申し上げたい。

　本「シリーズ 保育士を育てる」は、立派な保育士を育成するうえで、
十分応える内容になっていると考えている。

　われわれ研究同人は、それぞれの研究領域を通して保育士養成の資
を提供する考えのもとに、ここに全9巻のシリーズを上梓することに
なった。全巻統一の論旨については問題を残すとしても、読者諸子に
とって研修の一助となれば、執筆者一同望外の喜びとするものである。

　最後に、本シリーズ出版企画から全面的に協力推進していただいた
一藝社の菊池公男会長と小野道子社長に深甚の謝意を表したい。

　　2020年1月吉日

　　　　　　　　　　　　　　　　　　監修者　谷田貝公昭

まえがき

　子どもの健やかな育ちにとって、乳幼児期の重要性がますます高まっている。2017（平成29）年告示の「幼稚園教育要領」、「保育所保育指針」、「幼保連携型認定こども園教育・保育要領」の3法令改訂に伴い、2019年には、保育士養成課程の科目の名称や学ぶべき内容も見直された。

　特に「保育の心理学」では、保育実践に関わる発達理論等の心理学的知識を踏まえ、子どもの発達を捉える視点について理解すること、発達に関する基本的な知識を土台として、養護および教育の一体性や発達に即した援助の基本となる子どもへの理解を深めること、乳幼児期の子どもの学びの過程や特性について基本的な知識を習得し、保育における人との相互的関わりや体験、環境の意義を理解することが挙げられている。

　これらは、乳幼児期の子どもの育ちを発達心理学的な観点から捉え、保育を支えていく重要性が強調されているといえる。

　発達初期に保育士が温かく受容的・応答的に関わることで、子どもは「自分は大事にされている」ことを肌で感じとり、このような体験を通して人と関わる基盤が作られていく。乳幼児期の発達が重要視される理由の一つがこの点にある。

　社会の変化によって子どもたちの発達の様相も変わっていく。子育てをめぐる家庭や地域のあり方が変化し、様々な課題をもつ子どもや家族への支援も必要となり、保育士に求められる知識やスキルも多様化している。そのため、子どもの育ちに寄り添い、一人ひとりの発達の課題に沿った関わりができることが、保育士に求められている。

　本書は、先に述べた3法令の改訂を踏まえながら、発達を理解することの意義や子どもを取り巻く環境、心身の発達の様相、遊びなど、子どもの学びの過程や学びを支える保育などについて、基本的かつ重要な知識を盛り込んでいる。

　乳幼児期は、生涯にわたる生きる力の基礎が作られる重要な時期である。この時期の子どもの育ちを支える専門家として、発達の視点とともに、子どもから発せられる様々なサインを受け取る感性や子どもへの温かいまなざしをもち続けられるために、本書が役立つことができれば幸いである。

　最後に、本書の刊行にあたり、編集担当の松澤隆氏に多大なお力添えをいただいたことに深く感謝申し上げたい。

　2020年1月

編著者　瀧口　綾

福田真奈

6

もくじ

第1章

子どもの発達を理解することの意義

第1節 »»» 子どもの発達と個人差

▶ 1 発達心理学と保育の深いつながり

　近年、国際的に乳幼児教育の重要性を支持する傾向が高まっている。社会情動的能力、および「非認知能力」と呼ばれる忍耐力や自己制御、自尊心といった特性を幼児期に身につけることによって、大人になって生活に大きな差が出てくることが研究によって示されている（ヘックマン、2015）。非認知能力の育ちには、乳幼児からの丁寧な対応、応答的な姿勢、温かい受容が大事だということがわかってきた。そのことは「保育所保育指針（平成29〔2017〕年告示）」などにも反映されている。

　そのため、保育をするうえで、子どもの育ちを配慮した関わりが重要であり、子どもの発達心理学的知見をベースとして保育を支えていくことが必要である。すなわち保育と発達心理学には深いつながりがある。

▶ 2 発達心理学の考え方

　発達心理学とは心理学の一分野である。人間の誕生から死に至るまで、生涯にわたって人間の心や行動がどのように変化していくのか、また、認知・思考・言語・社会性などの諸機能がどのように変化し、成長し、衰退するのかを解明するものである。

　かつては、「発達」は成人期にはピークに達し、その後後退していくと考える傾向があったため、成人に達するまでの青年期までが発達心理

学の対象と考える傾向があった。しかし現在では、老年期は決して衰退期ではなく、老年期においてピークに達するような知的機能もあることが指摘されている。発達は上昇、ピーク、下降といった捉え方ではなく、それぞれの発達期にそれぞれの発達課題があり、それをこなしていく過程が発達そのものであるという考え方が、台頭してきている（生涯発達心理学）。身体が大きくなる、できなかったことができるようになるという成長、進歩、向上だけではなく、できたことができなくなる、あった機能が失われるという、衰退や喪失も、発達の重要な側面として捉え、人間の一生を全体的に理解するのが発達心理学の考え方なのである。

▶ 3　発達段階

　発達は一定の順序と方向を持った変化であり、基本的には連続的な過程である。しかも、発達的変化は平坦なものではなく、緩急のリズムや節目をもっている。すなわち、特定の領域の発達が特に目立って観察されたり、変化があらわれたりすることがある。このような顕著な変化、あるいは、ある一定の特徴を手がかりとして発達過程をいくつかの段階に区分することができるが、これを「発達段階」という。

　発達段階は、従来から、胎児期、新生児期、乳児期、幼児期、児童期、青年期，成人期、老年期という区分が用いられてきた。これは、学校教育制度や社会制度にも対応しており常識的でもあるので、心理学の分野ばかりではなく、一般社会においても受け入れられている。

▶ 4　発達の道筋を理解し、子ども理解する

　発達段階における特徴を理解していれば、保育者や保育者にとって、個々の子どもの理解が容易になる。それぞれの子どもの発達段階に応じた適切な育児や教育・指導が可能となる。また、発達には順序性がある。例えば運動発達では、首が安定し、お座り、はいはい、つかまり立ち、立ち、歩くといった順序で可能になる。保育士にこのような運動発達の

［左］3か月女児。うつぶせに
すると、倒れそうになる。
［右］5か月女児。うつぶせの
練習。うつぶせの体勢にして
腕の下に巻いたバスタオルを
敷き、うつぶせの練習をする。
（筆者提供）

イメージがあれば、子どもに合った遊びを考え、環境を整えることもできる。また、順序の乱れや飛躍がみられる場合には、何らかの発達の異常が疑われることもある。そのような場合には早い段階で適切な援助ができ、子どもにとって負担のない生活を保障できることにつながる。

▶5　個人差

　個人差は、生後まもない新生児期からみられ、その後にも発達の様子の違いとしてあらわれてくる。個人差は一般的には、統計的にその年齢の平均値だとされている数値からのずれが、どの程度大きいかということを基準に考える。まず、保育所の中での様々な側面の発達の具体的な様子を確認する。そして、保護者や周囲の人々がその子どもをどのように受け止めているのか、また、その発達の遅れや発達のアンバランスがどのような支障をもたらすのかなども確認する必要がある。個人差範囲内なのか、障害を疑うべきなのか、アセスメントを行ない、子ども理解をしていき援助していきたい。

第2節»»» アセスメントと子ども理解

▶1　発達診断とアセスメント

　子どもに何かの発達的なつまずきや障害が疑われるときには、なるべ

く早い時期に適切な支援をすることが望ましく、また、二次的障害など問題がより複雑になる前に支援をしていきたい。保育所などの集団生活を始めてから、「ことばが出ない」「落ち着きがない」といった日常生活場面における子どもの状態に気づき、保育士によって指摘されることもある。このようにして見出（みいだ）された発達的問題について、保護者はその原因や、見通しについて専門家から指導を受けることが必要である。そのために最初に行なわれるのが「発達診断」である。

　診断ということばは、医学の領域から誕生したもので、この用語にはきわめて厳しい意味が含まれているが、発達診断には健康な部分の査定が広く含まれている。このようなことから、近年、診断に代わって「アセスメント」という用語が多く使われるようになってきた。

　子どもの発達には身体的、心理的、環境的要因が相互に深く関わり合っている。アセスメントは、適切な保育につなげるためにも、子どもを総合的に把握することが大切である。重要な情報となるのは、保育所における子どもの状況の情報や、保護者から聞き取る家庭の状況の情報（家族の成員、保護者の就労状況や健康状態、生活習慣、生育史など）である。また、専門家によって行われる行動観察や発達検査は、子どもの発達状態を適切に評価・査定し、今後の指導の在り方にも示唆を与える。

▶2　「気になる子ども」へのアセスメント

　近年、診断名はついてはいないが、集団参加が苦手な「気になる」子どもが、保育などに見受けられる。「気になる」子どもや「ちょっと気になる」子どもなどの表現が用いられ、「気になる」子どもに対する理解や保育の中での支援の在り方について、検討されてきている。

　「気になる」子どもの特徴として、①対人的トラブル、②落ち着きのなさ、③状況への順応性の低さ、④ルール違反、⑤衝動性が挙げられる（本郷ら、2006）。また、「ちょっと気になる」と考えられていた子どもが気にならない存在に変化する事例も報告されている（刑部、1997）。

　「気になる」子どもと関連する障害として、「発達障害」が挙げられる。もちろん「気になる」子どもの全てが発達障害児というわけではない。しかし「気になる」子どもの中には、発達障害や知的障害、情緒障害と判定される子どももいる。発達障害の子どもは、知的側面や情報処理過程におけるアンバランスさをもっているため、心理検査を受け、アセスメントを行なうことが望ましい。子どもの状態を正しく知ることによって、その子どもに合わせた対応ができる。保育者が検査を実施する機会がなくても、検査結果と普段の子どもの姿とを結びつけて、子どもを全体的に理解していくことが必要である。診断名で対応が全て決まるわけではない。アセスメントから得られた結果をもとに、子どもの一人ひとりの発達に合わせて、スモールステップで無理なく取り組み、子どもが保育活動に参加し、楽しめることを増やしていくことが必要である。

▶3　アセスメントの実際

（1）観察法

　観察法は、子どもを理解するためのもっとも基礎的な方法だといえる。子どもの日常の姿を把握することを目的として、家庭や保育所において観察を行なう（自然的観察法）、研究の目的に従って意図的に場面を設定し、そこで生起する行動を観察する（実験的観察法）、保育に参加し、子どもと関わりながら観察する（参加観察法）方法もある。

　言葉に頼らず行動や事象を観察できるため、言葉が不十分である乳幼児に対して有効な方法と言える。しかし、観察法には問題点が存在する。観察後、やみくもにビデオを流し続けても、膨大なデータから有用なものが得られるとは限らない。何を観察するのか、事前に明確な目的をもって観察する必要がある。

　子どもの発達を理解するためには、日頃の子どもの様子を理解し、保育記録やビデオカメラの映像を撮り、保育カンファレンスで検討し、一人ひとりの子ども理解を進めていくことが必要である。

（筆者提供）

（2）質問紙法（アンケート）

用紙に書かれたいくつかの質問項目（行動、思考、感情、ある特性に関する事項）に回答してもらう方法である。尺度は信頼性と妥当性のあるものを使用したほうがよい。メリットは、一度に沢山の研究協力者から調査ができることである。デメリットは、自分をよく見せようとするため、回答のゆがみが生じることである。例えば、自分は親切であるとか、内気であるなどと自己判断するとき、研究協力者の回答は、社会的望ましさの程度に影響される。

（3）面接法

会話のコミュニケーションによって情報を収集する方法で、「臨床的面接法」と「調査的面接法」に大別される。

調査的面接法は、①あらかじめ用意した項目にしたがって質問していく方法（構造化面接）、②質問紙項目は用意しておくが会話の流れによって質問を変えていく方法（半構造化面接）、③質問項目を用意しておくものの自由な会話から目的の内容を導く方法（非構造化面接）などがある。さらに、1対1で行なう「個人面接」と、「集団面接」がある。

面接法では、研究協力者が安心して面接に臨めるようにラポール（信頼関係）を形成することが必要になる。

（4）心理検査

心理検査には、発達検査、知能検査、人格検査、社会性検査、道徳性に関する検査、親子に関する検査など、様々なものがある。個別検査と集団検査の2つに大別される。検査者は子どものささいな行動や表情を見のがさないように注意し、正確に記録していくことが大切である。

①発達検査

　子どもが、正常な心理的発達の過程をたどって順調に成長しているかどうかを調べることを目的として作られた検査のことである。0歳時から使用でき、身体・運動的側面、心理的側面、社会的側面、生活習慣などの発達を測定できる。そして、生活年齢と発達年齢から発達指数を算出するものもある（**図表1-1**）。

図表1-1　主な発達検査・知能検査の種類と特徴

	検査名	特徴	適用年齢
発達検査	新版K式発達検査2001	「姿勢・運動」「認知・適応」「言語・社会」の3領域に大別され、全領域と領域別の発達年齢（DA）、発達指数（DQ）を算出できる。総合的な発達とプロフィールより発達のバランスを見ることができる。子どもが親しみやすい検査道具であり、自然な行動の観察が可能である。	0歳～成人
	遠城寺式・乳幼児分析的発達検査法	運動、社会性、言語の3分野において、移動運動・手の運動・基本的習慣、対人関係、発語、言語理解の6領域で診断する。検査も簡便で短時間ででき、発達指数と折れ線が得られるので、保護者にも説明しやすい。	0歳～4歳8ヵ月
	乳幼児精神発達診断法（津守・稲毛式）	運動、探索・操作、社会、食事・排泄、生活習慣、理解・言語の5領域から構成されている。検査道具が使用されず、質問紙法である。発達輪郭表を作成し、子どもの発達の特徴を知ることができる。	1ヵ月～12ヵ月、1歳～3歳、3歳～7歳
	KIDS乳幼児発達スケール	運動、操作、言語理解、表出言語、概念、対子ども社会性、対成人社会性、しつけ、食事の9領域で評価する。子どもの年齢によって、タイプA、B、Cの3部に分かれており、発達の遅れのある子ども向けのタイプTもある。短時間で診断でき、近年よく使用される質問紙法である。発達年齢、プロフィール、発達指数が得られる。	1ヵ月～11ヵ月、1歳～2歳11ヵ月、3歳～6歳11ヵ月
知能検査	田中ビネー知能検査V	子どもの知能が何歳何か月に相当するか、精神年齢（MA）を求め、暦年齢（CA）との比を取って、知能指数（IQ）を算出する。短い時間で簡便に測定でき、広く使用されている。	2歳～成人
	WPPSI-Ⅲ	幼児用ウェクスラー式知能検査をWPPSI（ウィプシー）と呼ばれる。改訂により、5つの下位検査が削除され、新たに新しい8つの下位検査が取り入れ構成が変更している。特別支援教育の進展に伴い、個の特性を把握する知能検査として、最もよく用いられている。	2歳6ヵ月～7歳3ヵ月
	K-ABC心理・教育アセスメントバッテリー	認知尺度および習得尺度の充実・発展により、認知機能と習得度の関連性がより詳細に評価でき、発達障害児など障害児の指導に活用できる。認知尺度に11下位検査があり、習得尺度に9下位検査がある。	2歳6ヵ月～18歳11ヵ月

（筆者作成）

②知能検査

　人間の知能を科学的、客観的に捉えるために考案された用具であり、結果は規準に照らして数量的に表示される。ビネー式知能検査が、ビネーとシモンがフランスで 1905 年に作成した世界で最初の知能検査で、日本版が標準化されて、広く活用されている（**図表 1-1**）。

　精神年齢（mental age：MA）と生活年齢（chronological age：CA）が同じであれば、知能指数（intelligence quotient:IQ）が 100 となって標準の知能である。100 以上であれば知能が優れている。

$$知能指数（IQ）＝\frac{精神年齢（MA）}{生活念年齢（CA）} × 100$$

　検査は単独で用いるよりも、子どもの全体像を把握し、子どもの発達理解をするためにも、いくつかの種類の異なる検査を組み合わせて実施し、テストバッテリーを組むことが必要である。

【引用・参考文献】

刑部育子「『ちょっと気になる子ども』」の集団への参加過程に関する関係論的分析『発達心理学研究』9（1）1998 年 pp.1-11

櫻井茂男・岩立京子『たのしく学べる乳幼児の心理　改訂版』福村出版、2010 年

陳省仁・古塚孝・中島常安編著『子育ての発達心理学』同文書院、2003 年

ジェームス・ヘックマン著、古草秀子訳、『幼児教育の経済学』東洋経済新報社、2015 年（J.Heckman 2013 *Giving kids a Fair Chance*. Masachusetts Institute of Technology.）

本郷一夫編著『「気になる」子どもの保育と保護者支援』建帛社、2006 年

福田真奈「乳幼児期の発達のつまずき」渡辺千歳編著『はじめて学ぶ発達心理学　乳幼児を中心に』大学図書出版、2017 年 pp.118-131

（福田真奈）

第**2**章

子どもを取り巻く環境と発達

第**1**節 »»» 子どもを取り巻く環境

► 1　野生児と可塑性

　ヒトの発達は、生物学的な身体を設計している遺伝子の制約を受けているが、生物学的にヒトとして生まれたからといって、放っておいても自動的にヒトらしくなるわけではない。実際には遺伝子の設計図どおりには進まず、「用意されている遺伝子はタイミングのよい環境がそろったときにだけ発動する」（神田橋、2019）わけで、いろいろな条件がかみ合ってはじめてヒトらしくなると考えられている。

　こうした考えを裏書きする極端な例として、野生児の事例や、初期剝奪（児童虐待を含む）、などが挙げられる。そこからの回復可能性としての「可塑性」も、子どもを取り巻く環境を語る上では重要なトピックである（なお「可塑性」とは、原因が取り除かれても影響が残る性質のことで、発達心理学では、そこからの回復可能性も意味する）。

　野生児とは、ヒトとしての適切な養育環境が必要な時期に、通常の人間的環境で育たなかった子どものことをいう。比較的残されている資料が整っている事例としては、フランスの精神科医イタール（Itard, J. 1774～1838）が報告した「アヴェロンの野生児」がある。フランスのアヴェロンの森で生き延びていた少年（発見時 11、2 歳と推定されている）は、発見後に当時の高名な精神科医ピネルより重度の知的障害という診断をうけ、それゆえに治癒や教育は不可能とされていた。

　しかしイタールは、身の回りの世話をする女性（今でいう保育者のような役割を担ったと考えられる）を、少年の愛着の対象としつつ日常生活の改善を図り、1801年から5、6年程度、熱心に教育を行なった。結果として若干の書き言葉の使用はいくつか可能となったものの言葉を自在に操るほど発達することはなかった。思春期に入ると、性衝動をうまくコントロールできずに狂乱状態になるなど、周囲（イタールは聾唖学校の所属であった）に与える影響を考慮して、不本意ながら教育を断念した。

　現代的な観点から考えれば、少年は自閉症的な特徴行動（コミュニケーションの障害、身体をたえず揺らすといった常同行動、環境の変化に対する脆弱性）をもっており、単純な知的障害や人間社会からの隔離だけが原因ではないと考えられている（鈴木、2019）。

　また、インドの奥地で狼に育てられたとされる二人の少女の事例（アマラとカマラ）も広く知られている。彼女たちも、その後の献身的な養育にかかわらず、言語能力も含め知的な発達は十分ではなかった。ただし、この事例では、（特に「狼に育てられた」という点で）証拠となる写真や日記の記述に作為や矛盾が散見され、真偽のほどが定かではないと批判を受けるようになった。

　いずれにしてもこれらの事例に共通するのは発見・保護された後の教育・適応の困難さである。

　野生児のような完全な隔離ではなくても、ネグレクトなどの虐待により発達早期の適切な養育環境から隔離される（初期剥奪）事例も、いくつか知られている。日本では、1972年に発見された当時6歳と5歳の姉弟が家族からほぼ放置された状態でかろうじて生きていた事例がある（藤永他、1987）。

　発見当初は歩行も言葉によるコミュニケーションもほとんどできない状態であったが、その後乳児院に保護され、心理学者や保育士等からなる治療回復チームが結成されて献身的な養育が施された。担当保育士との愛着関係が成立するとともに、急速に心身両面の発達が回復し、高校

卒業後、社会人として順調に生活しているという。

　また、1980 年代のルーマニア独裁政権時、劣悪な児童養護施設で育てられ、後に養子になった子どもたちの知的機能の回復の事例がある。その後は、ルーマニアからイギリスに移住して養子になった子どもと、イギリス国内で同じく養子になった子どもの、6 歳の時点での全般的認知指数（GCI：知能指数と同じように 100 がその年齢群の平均値となる）を比較した結果、6 歳時点では、ルーマニアからの養子もイギリス国内の養子も、GCI において統計的に有意な差がなくなることが示唆されている（O'Connor et.al, 2000）。

　以上の結果からは、乳幼児期の初期剥奪の影響に対する優れた回復力があることが分かる一方で、知的な「可塑性」には限界があることも読み取れる。少なくとも 6 歳頃までに、脳が変化することが難しくなり、野生児の事例や初期剥奪の事例において、社会的な適応が十分図られる「可塑性」が発揮されるためには、そのあたりに敏感期もしくは「臨界期」（そこを過ぎると後戻りできなくなる時期：本章の事例で言えば、6 歳程度では「可塑性」が十分発揮されるが、11、2 歳になると難しい、という考え方）があると考えられるのである。

▶ 2　環境の生態学的モデル

　ヒトがヒトらしく発達するにあたって、養育初期の環境が大きな影響を及ぼすことを野生児や隔離児のケースから見てきた。では、果たして人間を取り巻く環境はどのように構造化されているのであろうか？

　生物学的には両親とも日本人であっても、ノーベル文学賞受賞者カズオ・イシグロのように、周りを取り巻く生活環境や教育環境が英語圏であれば、母国語が英語になることはある。両親が日本人だからといって本人を取り巻く環境まで、単純に日本の社会・文化と同じになるというわけではない。ブロンフェンブレナー（Bronfenbrenner,U. 1917 ～ 2005）は人間を取り巻く環境を、エコロジカルシステムで捉える、生態学的モ

図表 2-1　子どもを取り巻くエコロジカルシステム

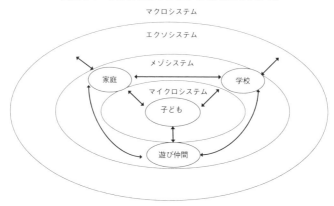

出典［ブロンフェンブレナー、1996］を基に筆者加工

デルを提唱した（**図表 2-1**）。

　エコロジカルシステムは、それぞれが次々に組み込まれていくような入れ子構造をもっていると考えられる。

　最も内側のシステムは、子どもが実際に関わる具体的な行動場面において経験する活動、役割、対人関係のパターンから構成されるマイクロシステムである（例えば、家庭や学校などで直接経験されるもの）。その外側のシステムは、子どもが参加している二つ以上の場面間の相互関係から構成されるもので、メゾシステムと呼ばれる（親からすれば PTA 活動での社会見学であり、子どもからすれば子ども同士、親同士と一緒に旅行に行くことなど）。さらに、その外側のシステムは、エクソシステムとされ、下位システムの構造や内容に一貫性をもたらす信念体系やイデオロギーとも考えられる。

　文化や価値観、宗教などがこうしたものにあたり、同じ国であっても、その社会階層や地方によっても異なる可能性はある。発達を、環境との相互作用で起こるものとして捉えるとともに、各システムに内容されている環境・条件間の相互作用も考慮している。

第2節 »»» 発達を規定する要因

▶ 1　経験説（環境優位説）

　心理学における行動主義の提唱者であるワトソン（Watson.B.J. 1878 〜 1958）は、次のように述べている。「私に健康でよく習慣づけられた子どもたち１ダースと、私の望む育児環境を与えてほしい。どの子どもであろうが、その子の才能、好み、傾向、能力、適性、親の人種に関係なく、なんにでも、医者、弁護士、芸術家、大商人、そしてそう、乞食や泥棒にさえもしてみせよう」（ワトソン、1980）。

　現在の保育を考える上では、ここまで断言することはとてもできないが、第１節で見てきた野生児の教育にあたったイタールもこのような考え方の流れにいたといえよう。こうした、発達を規定する要因として後天的な環境の影響を最重要視する立場を、「経験説」（あるいは環境優位説）と呼び、古くから有力な説として根強い。

　中世ラテン語の「タブラ・ラサ」（空白の石版）という言葉は、イギリス経験論の中心的な哲学者ジョン・ロック（Locke, J. 1632 〜 1704）によって広く知られるようになったが、その骨子はまさに冒頭ワトソンが述べたこととも一致する。

　生まれたばかりの乳児の心は、まっさらな白紙のような状態である。だからこそ、様々に違う文化・言語・善悪や価値観に至るまで、「経験」によってどのようにでも書き込まれ、人間の心として作り上げられていくのである。こうした経験説の考え方は、後に心理学の中で、行動主義や社会的学習理論（観察学習）へと発展している。

▶ 2　生得説（成熟優位説）

　ゲゼル（Gessel,A. 1880 〜 1961）は、経験説・学習理論（環境優位説）が

勢力を伸ばしていく中で、それに対抗するため一卵性双生児を対象にした「階段のぼり実験」を行なった。環境優位説の考え方からすれば、今でいう早期教育が有効（早く「階段のぼり」訓練を始めた双子の一方の子の発達が早まる）ということになるが、そうした学習がうまく成立するためには、心身の発達において十分な準備状態（のちにこの状態のことをレディネスといった）が必要であり、あとから「階段のぼり」訓練をした双子のきょうだいに追い越されてしまったのである。

　こうした成熟や生まれつきの能力（広く考えれば遺伝の力）を重視する考え方には、家系研究を行なったゴールトン（Galton,F. 1822〜1911）も連なっており、天才的・優秀な芸術家や科学者の家系には、その分野で優れた業績を挙げた人物が多数輩出していることを指摘した。しかし、現在の研究では、実験計画の不備や遺伝的影響と、非遺伝的影響の明確な分離ができない、優生学的な思想に利用されたなど、問題点も多い。

▶ 3　相互作用説（遺伝と環境）

　以上のように古典的な経験説（環境優位説）と生得説（成熟優位説）だけでは、現実に人間におこる発達を十分網羅的に説明することはできない。そこで現在では「遺伝か環境か？」という問いから、遺伝と環境がどのように相互作用して、発達に影響を与えているのかを明らかにすることが、主流となっている。

（1）輻輳説と環境閾値説

　シュテルン（Stern,W. 1878〜1938）は、人間の発達ではあらゆる特性の発現で遺伝と環境の両要因が加算的に寄与していると提唱した。これを「輻輳説」という。この考え方は、遺伝と環境要因をそれぞれ完全に独立して影響すると考えるところに特徴があり、後に、双生児法を使った行動遺伝学的研究にも影響を与えている。

　一方でジェンセン（Jensen,A.R. 1923〜2012）は、環境刺激の条件によって、素質（遺伝的要因）の発現可能性が影響を受けると提唱した。

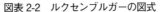

図表 2-2　ルクセンブルガーの図式

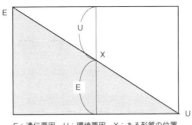

E：遺伝要因　U：環境要因　X：ある形質の位置

出典［新井、1997］を基に筆者加工

図表 2-3　ジェンセンの環境閾値説

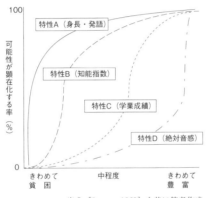

出典［Jensen, 1969］を基に筆者作成

これを「環境閾値説」という。**図表 2-3** に示したように、例えば、特性 A は、環境条件が極めて貧しくても、素質がほぼそのまま顕在化することを表している。例えば、身長や外見などの身体的特徴などがあてはまる。特性 B は貧しい環境条件下ではその発達が阻害されることを表しており、知能指数などがそれにあたる。

(2) 後成遺伝学（エピジェネティクス）

このように遺伝と環境の相互作用の仕方は、あくまでも最終的な形質として発現するまでの不可逆な過程で作用すると考えられてきた。しかし近年、スイッチがオンになったりオフになったりするように環境か

らの刺激によって、可逆的に遺伝子発現が変化する現象に注目が集まっている。これをエピジェネティクスという（開・齋藤、2018）。例えばこうした考え方では、日常的な有酸素運動などの環境刺激によって神経成長因子に関わる遺伝子発現がオンになり、記憶力が増大したりする可能性などが明らかになっている。

　従来、自閉症スペクトラム障害の病因として、母親の子育ての失敗などの環境説が主流とされたが、現在の理解では、脳の微細損傷説や多因子遺伝説が主流とされている。こうしたエピジェネティクスに基づく考え方のもとでは今後、後天的な環境からの働きかけによる発症の予防や治療法の可能性なども考えられる。子どもを取り巻く環境と発達を考える上では、こうした新しい分野からの知見にも、アンテナを張っておく必要がある。

【引用・参考文献】

新井邦二郎編著『図でわかる発達心理学』福村出版、1997年

神田橋條治『心身養生のコツ』岩崎学術出版、2019年

鈴木光太郎『謎解きアヴェロンの野生児』新曜社、2019年

開一夫、齋藤慈子編『ベーシック発達心理学』東京大学出版会、2018年

藤永保他『人間発達と初期環境』有斐閣、1987年

ワトソン、安田一郎訳『行動主義の時代』河出書房新社、1980年

Jensen, A. R. "How much can we boost IQ and scholastic achievement?" Harvard Educational Review, 39(1), pp.1-123. 1969

O'Connor, T.G. 'Rutter, M. et.al. "The effects of Global Severe Privation on Cognitive Competence: Extention and Longitudinal Follow-up." Child Development, 71, pp.376-390, 2000

ブロンフェンブレナー、磯貝芳郎訳『人間発達の生態学』川島書店、1996年

（宮崎隆穂）

第3章

環境としての保育者と子どもへの影響

第**1**節 »»» 環境とは

▶1 子どもを取り巻く環境

日本では 1950 年代半ば以降、産業の主体が農業から重化学工業に移行した。そのため人口が地方から都会へと流出し、以前は大家族が多かった家族形態も、核家族へと移行している。さらに 1970 年代後半には、高度成長後の経済の低成長や家電の普及などにより家事労働が軽減されると同時に、女性の社会進出が躍進し共働き家庭が増えてきた。

このような社会変化の結果、1989 年に合計特殊出生率が 1.57 を記録する。これをうけ、1994 年に政府は「エンゼルプラン」を立ち上げるなど、少子化問題を解消するための様々な取り組みを行なってきている。

子どもの出生数の減少により、一人っ子や、子ども 2 人の家庭が多くなり、子ども同士の関わりが少なくなっている。一方、保護者が一人の子どもにかけるお金や期待は年ごとに増えている。また、核家族化による子育て家庭の孤立、保護者や地域の養育力の低下、共働き家庭の増加等により保育所に入れない待機児が増加し、社会的問題となっている。さらには、子どもの貧困、虐待の増加など、子どもをめぐる社会環境が大きく変化してきている現状がある。

▶2 育ちの環境

文部科学省の中央教育審議会（平成 17〔2005〕年）は、その答申で「家

庭・地域社会・幼稚園（保育園）等の三者が幼児期の育ちを支えています」とした。以前、子どもの養育は、家庭で行なわれることが多かった。しかし、結婚しても女性が働く共働き家庭が増加したことにより、現在では保育所などに預け、養育することが一般化し、母親が専業主婦として家庭で子育てを行なうケースが少なくなった。

　保育所でどのような育ちの環境を子どもに提供するかについて、保育所保育指針では、次のように明示している。

> 　保育の環境には、保育士等や子どもなどの人的環境、施設や遊具などの物的環境、更には自然や社会の事象などがある。保育所は、こうした人、物、場などの環境が相互に関連し合い、子どもの生活が豊かなものとなるよう、次の事項に留意しつつ、計画的に環境を構成し、工夫して保育しなければならない。〔第1章 総則1「保育所に関する基本原則」(4)「保育の環境」〕

　すなわち、保育者は保育の中で子どもが自発的に活動し、自ら経験・体験しながら、また、人と関わることを楽しみながら、豊かに成長できるように環境を計画していくことが求められている。

　また、幼稚園教育要領には、次のような記載がある。

> 　教師は、幼児の主体的な活動が確保されるよう幼児一人一人の行動の理解と予想に基づき、計画的に環境を構成しなければならない。　　〔第1章 総則 第1「幼稚園教育の基本」〕

　つまり、保育者が活動における子どもの姿を予想し、その予想に基づいた環境構成が求められている。どちらも、保育における環境の重要性を示唆するとともに、保育者が子どもの活動や生活が豊かになるような環境構成を、保育の中で実現させるための計画立案の必要性を、述べている。

　汐見稔幸は「遊びの質」を高める保育の環境として、以下の3つの条件を上げている。第1に、落ち着いて邪魔されず、何かに集中できる、その子の居場所となる環境、第2に、遊びの発展につながるツールを用意し、子ども自身によるツールづくりを促すための環境、そして第3に、子どもを温かく見守り支える保育者のまなざしと立ち位置等の適切性を挙げている。子どもを信頼して、目や体で応援する保育者の心持ちがも

う一つの環境なのだと述べている。つまり、「遊びの質」には環境や保育者の関わりが大きく影響しているのである。

　「遊び」は子どもの生活そのものであり、「遊び」の充実が子どもの生活を豊かにし、成長・発達に大きな影響を与えている。子どもの育ちを豊かにし、「生きる力」の基礎を培うために、場・物・人、これらの環境をどのように構成し計画したらよいかを試行錯誤することが、保育の基本である。計画を立案し、実践する保育者には、「人的環境」としてどのように子どもと関わりながら、子どもの最善の利益を提供できる保育を実践していくのかが問われるのである。

第**2**節 ≫≫≫ 人的環境としての保育者

▶1　乳児期

　ボウルビィ（Bowlby, John 1907 ～ 1990）は、アタッチメントの概念を「子どもは、生後6～12か月頃の時期にアタッチメント（愛着）をめぐる特別の関係性を養育者との間で形成する」と定義している。このアタッチメント関係（愛着関係）は、子どもが特定の大人と継続的で情緒的な絆（きずな）で結ばれることにより、子どもに安全・安心感をもたらし、子どもの心身の発達全般との関係において重要な役割を果たしている。

　アタッチメントが形成された母子関係では、母親が子どもの「安全基地」となることで、子どもは周囲の環境に対して探索活動を始め、不安なことがあれば母親のもとに戻ることで安心し、また、探索活動を始める。この繰り返しを行ないながら、子どもは自分の世界を広げていく。保育所で、この「安全基地」の役割を担うのが保育士である。子どもが保育所生活に適応できるように保育者が子ども一人ひとりに応じた対応を心がけ、保育者が子どもの「安全基地」となることが重要である。

　子どもと保育士の間に基本的信頼関係が確立することで、子どもたちは保育所の生活の中で主体的に活動し、好奇心や探究心が喚起され、積極的に環境に働きかけていくことができるのである。

　特に、まだ言葉が話せない乳児にあっては、そのまなざしや指さし、日々の様子からその子の伝えたい気持ちを受け止め、言葉にして、子どもに返す応答的な関わりを行なうことで、「自分のことをわかってもらえた」という満足感を、子どもは感じることができるのである。保育士に対し、自分と同じように感じ、思ってくれる自己同一感を子どもが感じることが、子どもの自己肯定感の基礎を育むのである。

　子どもの自我が芽生え、自己主張が強くなっても、保育士は子どもの自我を大切にし、子どもの主張に耳を傾け、受け止めていくことが大切である。子どもの成長に伴い、自他の区別がつくようになれば、子どもが少しずつ、自分で自己の感情のコントロールができるように援助していく。このことが、子どものもつ自発性や意欲を培うために必要であり、子どもに寄り添うことへとつながっていくのである。

▶2　幼児期

　乳児期に自分を十分に受け止めてもらい、応答的に関わってもらえた子どもは、日々の活動に生き生きと取り組み、自発的・意欲的である。

　幼児期において、保育士に必要なことは、子どもの自主性を大切にすることである。子どものやってみたい気持ちや関心、伝えたい思いに気づき、寄り添うことで、子ども自身が試行錯誤しながら、安心して自らの力で次のステップへと上がることができるよう援助していくことが、大切である。保育士が子どものすべてを肯定的に受け止めることにより、子どもは自分の力を信じることができるのである。

　幼児期において、ごっこ遊びが盛んになると、子どもたちの中で「先生ごっこ」が始まる。先生役になった子どものしぐさや口調は驚くほど、担任の保育士に似ている。子どもにとって、大人である保育士は「こう

ありたい」と思う大人のモデルなのである。「保育者が主体として生き生きとしているとき、子どもはそこに自分の未来の姿を見、その姿に憧れを抱き、次第に保育者がしていることを自ら取り込む気構えをもつように育っていく」。さらに、「１歩先に主体として育った保育者が子どもを１個の主体として受け止め、自らの主体としての思いを返す中で、子どもが１個の主体として育ってくる」（鯨岡、2010）のである。

　保育士は保育士主体で子どもに関わるのではなく、子どもの力を信じてそばで見守り、子どもが困ったときに寄り添い、援助し、子どもの主体を大切にしながら関わることができる存在であることが、大切である。保育士が、子どもの主体を大切にした保育を行なうことで、子どもは他の主体を大切にするようになる。例えば、５歳児による「お店屋さんごっこ」の活動過程において、保育者が一人ひとりの発言を正しく受けとめ、他児にわかるように伝えることで、子どもは話し合いの方法を知り、「お店屋さんごっこ」を成功させるために、協調性や自己の感情のコントロールを学んでいくのである。日々の生活の中で子どもが育つ環境をどのように作っていくのかを保育士が自覚し、見通しをもち、その中でありのままの子どもの姿を認めていくことが、大切なのである。

第3節 »»» 保育士の役割と専門性

▶1　保育士の役割

　保育において人的環境である保育士の役割とはなんであろう。「保育の仕事は、人＝保育者によって成り立つ」（諏訪、2004）という。また、「子どもが豊かに自分の世界を広げていくためには、そこにかかわる保育者などの存在が重要である」（大豆生田、2017）。以上は、人的環境としての保育者の重要性を示唆している。また、保育者の役割として

「1. 子どもの理解者、2. 子どもの共同作業者・共鳴者、3. 憧れを形成するモデル、4. 子どもの精神的よりどころ」（文部科学省、2008）が示されたことをもとに、現職の保育者が、人的環境としての保育者の役割について調査を行ない、検討した。この結果、「保育者自身が、人的環境として保育者の役割として、最も重要だと考えている事項は、子どもの精神的よりどころであり、回答者の約半数が重要だと捉えていた」。さらに、「保育者自身が人的環境としての保育者の役割の中で、子どもの内面や精神的部分を重視していることが示された」（佐藤、2017）という。

　つまり、保育士はアタッチメント対象となる「特別な大人」として、子どもとの間に基本的信頼関係を築くことで、子どもの心の安全基地となることが求められているといえよう。さらに、子どもの心に寄り添い、子どもの始めた遊びに共感的に応じ、子どもが楽しんでいる世界を一緒に味わったり喜んだりすることで、子ども自身の世界を「意味あること」と位置づけする役割を担っているのである。

▶2　保育士の専門性

　保育所職員に求められる専門性について、「保育所保育指針」は第5章で、「子どもの最善の利益を考慮し、人権に配慮した保育を行うためには、職員一人一人の倫理観、人間性並びに保育所職員としての職務及び責任の理解と自覚が基盤となる」とする。また、「全国保育士倫理要綱」は8項で、「私たちは、研修や自己研鑽を通して、常に自らの人間性と専門性の向上に努め、専門職としての責務を果たします」と示している。

　保育者として、子どもの成長・発達についての基礎知識を基に、子ども理解のスキルを自己研鑽することが専門性につながっていくのは周知のことである。しかし、保育士自身が子どもの姿を正しく把握し、子どもに対して応答的・共感的に関わることができるかどうかは、保育者の資質にも大きく関係している。子どもに対しての愛情をすべての基盤と

し、子どものために何ができるのか、子どもにとって何が必要なのかを理解しようとする感性や共感性を豊かにすることが、保育士の専門性を高めることにつながっていく。

　保育士が、子どもの言葉や活動にどのように対応したら良いのかということを十分に理解すること、そして、保育の中でそれを実践するには具体的な子どもの姿をイメージし、そのために必要な環境を計画することができる知識を含めた専門性が、必要となる。保育者の関わり方の違いが子どもの育ちに大きな影響を与えることを認識し、どのような関わりがその子にとって必要なのか考えながら、子どもの姿を見守り、必要な援助を行なうことが人的環境としての保育士に求められることである。

　近年、「非認知能力」について言及されることが増えている。非認知能力とは、目標や意欲・関心をもち、根気よく友だちと協調してものごとに取り組む力をいう。ある調査によれば、乳幼児期に「非認知能力」が高まると、それが生涯、影響し続ける可能性があることが示唆された（ヘックマン、2015）。乳幼児期に、保育者が子どもの感情や感性が豊かに育つような環境を整えたり、援助を行なうこと、また、保育士との対話を通して子どもの発想を豊かにしたり、考えを深めたりすることで、「忍耐力」「社会性」「自信・楽観性」といった非認知能力や、自己肯定感が育つとされている。このように、保育士には、常に最新の知識をリサーチし、実践に応用できるよう自己研鑽することが望まれている。

　また保育士は、子どもだけではなく、保護者に対しても支援することが必要とされ、保護者支援の役割についての十分なスキルも求められている。保育士が自分をよく理解し、他者と円滑なコミュニケーションを行なえることが、保護者支援において重要であると思われる。「対子ども」だから、「対大人」だからというのではなく、広く他者との間に信頼関係を結び、良好なコミュニケーションを築くことも保育士の資質であり、それが専門性であると考える。子どもの環境を整える役割を保育者が行なうのであれば、子どもを中心として他の子ども、同僚の保育士、

保護者、地域の人々といった人的環境をしっかり理解し、子どもの育ちを保障できる環境づくりのために、様々な人たちと連携し協働していくコミュニケーション能力をもつことが、保育者の専門性として何よりも重要となるのである。

【引用・参考文献】

大豆生田啓友編著『「対話」から生まれる乳幼児の学びの物語——子ども主体の保育の実践と環境』学研教育みらい、2017年

鯨岡峻『保育・主体として育てる営み』ミネルヴァ書房、2010年

厚生労働省「保育所保育指針〔平成29年告示〕」2017年

佐藤有香「人的環境としての保育者の役割——現職保育者自身の視点で」『こども教育宝仙大学紀要』8、pp.57-64、2017年

諏訪きぬ「人的環境としての保育者（総説）」『保育学研究』42(1)、pp.8-11、2004年

田中達也「幼児期における保育者の役割——保育内容『健康』の実践」『佛教大学教育学部学会紀要』第11号、2012年

ジェームス・J・ヘックマン著、古草秀子訳『幼児教育の経済学』東洋経済新報社、2015年

林邦雄・谷田貝公昭監修、前林清和・嶋崎博嗣編著『子どもと環境』（子ども学講座3）一藝社、2010年

無藤隆・汐見稔幸・大豆生田啓友編著『3法令から読み解く乳幼児の教育・保育の未来——現場で活かすヒント』中央法規出版、2018年

文部科学省「幼稚園教育要領〔平成29年告示〕」2017年

文部科学省「幼稚園教育要領解説」2008年

臨床育児・保育研究会「エデュカーレ（特集：どうすれば、胸張って「保育のプロ」って言えますか？）」no.37（2010年5月号）

臨床育児・保育研究会「エデュカーレ（特集：遊びの質を高める保育環境って？）」no.57（2013年9月号）

（長谷川直子）

第4章

発達理論と子ども観

第1節 »»» 人の発達とは

► 1 発達原理

受精卵が着床して妊娠が成立し、胎芽期、胎児期を経て、誕生して死に至るまでが、人の発達である。人の発達には、多様性・個別性があるが、秩序あるいくつかの法則があり、これを発達の原理という。発達研究の発展により、様々な発達の原理が見出されている。

人の発達を理解するために有効である主な発達の原理を挙げる。

(1) 発達は遺伝と環境の相互作用である

発達は、遺伝と環境が、互いに影響を及ぼし合う相互作用によって進められる過程である。発達過程において、遺伝要因によるものを「成熟」、環境要因によるものを「学習」とし、成熟(遺伝要因)と学習(環境要因)の相互作用によって、発達が決定されている。

(2) 発達は分化から統合へ向かう

発達は、混沌として未分化な状態から細分化されて、より分化が進み、それらが統合されていく道筋をたどる。例えば、分化してより細かな運動が可能となり、一つの動きとして統合されていく運動機能や未分化な情緒の在り方から、より複雑な情緒が生まれ、人格統合がなされることなどが説明できる。

(3) 発達には連続性・方向性・順序がある

発達的変化には、連続性がある。休止や飛躍はなく、階段を一段一段

上るように、前の発達段階から途切れることなく、次の発達段階につながっている。そして、一定の方向に向かう順序がある。例えば、独り歩きができるまでには、寝返り、お座り、はいはい、つかまり立ちという運動機能における発達の連続性があり、同時に、方向性と順序性がある。高度な抽象概念の理解や論理的思考などの認知能力も、連続した段階を順序よく踏みつつ、連続性・方向性・順序性をもって発達していく。

(4) 発達には周期性がある

発達は、常に同じ速さで進むものではなく、急激な発達や緩やかな発達を周期的に繰り返すというリズムをもっている。例えば、乳児期には、急激な心身の機能における発達的変化がある。児童期は、緩やかで比較的安定的になり、思春期には、再び急激な発達的変化をみせる。

また、幼児期に言語能力が急激に伸びる「語彙爆発」(ボキャブラリースパート) も、発達が常に同じ速度ではないことを示している。

(5) 発達は相互に関連性がある

心身の諸側面は、相互に影響を与え合い、関連しながら、発達的に変化していく。運動機能が発達し、あお向けからお座りができるようになると、視界が変わり、手も自由になる。知的好奇心がさらに刺激され、認知機能が高まる。情緒発達において重要である養育者への愛着形成には、人の弁別が可能となる認知が関連している。運動、言語など、限定的に発達を見るのではなく、心身の様々な諸機能の発達は一人の人間の中で密な相互関連性をもっている、という視点をもつことが重要である。

(6) 発達には個人差・性差がある

それぞれに異なる個人固有の遺伝と環境に規定されている発達には、個人差・性差がある。胎内環境から始まり、出生時の状態、その後の発達過程は、一人ひとり異なっている。心身の諸側面の発達過程には、一定の連続性、順序性、方向性がありながらも、そこには多様な個人差・性差があり、人それぞれに異なる発達の姿がある。

▶2　乳幼児期の大切さ

　受精から死に至るまでの人の発達は、切れ目がなく、連続しているものである。人の発達の原点である乳幼児期は、一生涯において重要となっていく発達課題がいくつか挙げられる。

　中でも、愛情深く受容的に関わってくれる人との情緒的な 絆 である愛着を形成して、人に対する基本的信頼感を獲得することが重要である。この基本的信頼感は、一生涯に渡って、人との関わりの中で生きていくための 礎 となる。

　形成された愛着や信頼関係が土台となり、家族や社会集団の中で、長い時間をかけて育てられ、人として生きていくための様々な力を身につけていく。このため、自分の人生を自分の足で歩き、豊かな人生の時間を自ら積み重ねていくために、乳幼児期の初期経験や発達課題の獲得は重要である。

第2節»»»発達理論

　様々な発達に関する理論がある中で、ピアジェ（Piaget,J. 1896 ～ 1980）の「認知発達段階説」とエリクソン（Erikson,E.H. 1902 ～ 1994）の「心理社会的発達段階説」を取り上げる。

　ピアジェの考え方は、抽象概念を操作して、論理的思考が可能になるまでの道筋を明らかにし、子どもの認知発達を理解することができる。

　エリクソンの考え方は、心理社会的な面に注目し、各ライフステージについて、発達課題と心理的危機を示している。

　ともに、一生涯の発達が示されている点から、子どもに関わる中で、長期的な見通しや視点をもつことに役立てることができる。

▶1　ピアジェ

ピアジェによると、認知の発達は「感覚運動期（0〜2歳頃）」、「前操作期（2〜7、8歳頃）」、「具体的操作期（7、8〜11、12歳頃）」、「形式的操作期（11、12歳頃〜）」の4つの段階で進むとしている。

（1）感覚運動期

実際に実在しているものを、目や耳などの感覚、手足などの運動を用いて、実体験しながら世界を捉えているのが、感覚運動期の段階にある子どもである。感覚運動期に、自分の身体感覚を通して、日々の様々な経験を積み重ねて、目の前にはない抽象的な概念を操作し、論理的な思考が可能となる段階へと進んでいく。

（2）前操作期

抽象的な概念を頭の中で操作できるようになる操作期は、前操作期・具体的操作期・形式的操作期の、3つの段階を踏んでいく。このうち、幼児期にあたる前操作期では、概念操作は十分ではない。直観や見かけでものごとを捉えている。他者の視点からものごとを見ることが難しい「自己中心性」や、全てのものは生きていると考える「アニミズム」などが特徴である。

（3）具体的操作期

学童期が、具体的操作期にあたる。この時期には、客観的な事実をもとに、ものごとをより論理的に捉えられるようになる。見かけが変わっても数・量は変化しない、という「保存」の概念を獲得する。しかし、自分自身の具体的な生活体験をもとに様々なものごとを理解しているために、生活体験から離れた内容を頭の中だけで抽象的に概念操作することは難しい。

（4）形式的操作期

思春期以降の形式的操作期は、生活体験から全く離れた、より高度な抽象的な概念操作が可能となる。具体的な理解から形式的な論理の理解

ができる状態である。現実の生活体験から離れて、仮説から推論すること、概念を理解することなどが可能となり、認知の働きの完成となる。

▶2　エリクソン

エリクソンは、フロイト（Freud, S. 1856 ～ 1939）の性的発達理論に心理社会的な観点を導入して、誕生から死に至るまでの一生涯を、以下のような 8 つのライフステージに分けている。

それぞれのライフステージには発達課題があり、これが獲得できない場合に陥る心理社会的危機が、対概念（ついがいねん）として示されている。

(1)　乳児期（0 ～ 1 歳半）「基本的信頼感」対「不信」

乳児期は、一生涯における、人との関わりの土台となる基本的信頼感の獲得が発達課題である。様々な欲求に応答的、受容的に関わってくれる養育者と情緒的な絆である愛着を形成して、養育者を安全基地として、外界への安心や安全の経験を積み重ね、基本的信頼感が達成される。

(2)　幼児期前期（1 ～ 3 歳）「自律」対「恥・疑惑」

幼児期前期は、乳児期を終え、身体面・精神面ともに成長し、一人でできることが増えてくる。そうした中で、自分自身をコントロールする自律が発達課題となる。しかし、様々な挑戦に失敗したり、周りから過度に叱責（しっせき）されたりすると、恥や疑惑を抱く、心理社会的危機に陥る。

(3)　幼児期後期（3 ～ 6 歳）「積極性」対「罪悪感」

幼児期後期は、就学前になり、言語コミュニケーション能力や認知能力がより高まり、自ら環境や人に働きかける積極性が発達課題である。積極的に関わる中で、周りから否定されたり、衝突を繰り返したりすると、非難されるべきであるという罪悪感をもってしまう。

(4)　学童期（6 ～ 12 歳）「勤勉性」対「劣等感」

小学校入学から卒業にあたる学童期は、学校で様々な知識や技能を学ぶ。自分の能力が、周りから評価される中で、知識や技能の獲得に勤勉に取り組むことが発達課題である。結果があらわれず、さらに周囲から

も励ましがない場合は、人に比べて自分が劣っているという劣等感を抱いてしまう。

(5) 青年期（12 〜 20 歳）「自我同一性」対「自我同一性拡散」

第二次性徴が起こる青年期は、人とは異なる唯一無二_{ゆいいつむに}の存在である自分とはいったい何者であり、何をしたいのかという問いに取り組み、自己を確立させていく。心理的離乳をし、自我同一性（アイディンティティ）の獲得が発達課題であり、心理的危機は自我同一性の拡散した状態である。

(6) 成人前期（20 〜 30 歳）「親密性」対「孤立」

成人前期の発達課題は、社会の中で、互いに理解し合って、長期的・安定的な人間関係を築き上げて、それを維持していくことであり、親密性の獲得とされている。前発達段階において、自己を確立した上で、他者と深く関わり、互いに信頼や愛情を育むことが難しい場合は、孤立に陥る。

(7) 成人後期（30 〜 65 歳）「世代」対「停滞」

中年期以降にあたる成人後期の発達課題を「世代性（Generativity）」という。これは、generate（生み出す）と generation（世代）を合わせた造語であり、これまでに得た知識や経験を、次世代のために生かし、新たなものを生み出していくという意味である。次世代には貢献せず、自己の満足や欲求のみを求める場合を、停滞の状態とする。

(8) 老年期（65 歳〜）「統合性」対「絶望」

老いと向き合いながら死に至るまでを過していく老年期は、自分自身の人生を振り返って、肯定的に受け止めることができる、自己統合が発達課題である。多くの後悔や不満足が、人生に対する満足を上回る場合は、死を受容することも難しくなり、絶望するとされる。

第3節»»» 子ども観について

▶1　子どもをどのように捉えるのか

「観」とは、何かに対する考え方、見方などの意味である。例えば、人生観、人間観、死生観など、様々な概念がある。

「子ども観」とは、子どもという存在をどのように理解しているのかという、子どもついての考え方である。子ども観の形成には、これまでの自分自身の経験や出会い、家族・友人、地域・文化・社会・時代など、様々なものが関わっていると考えられる。

発達や子どもに関する諸理論についての理解を深め、さらに実際の子どもの姿から学び、自分自身の中に、どのような子ども観が形成されているのかを省察することが大切である。

▶2　保育者の子ども理解

保育者は、保育の専門家として、家族や、子どもたちと出会う。保育者がもっている「子ども観」は、日々の保育実践の中で様々に影響を与える。

このため、子どもたちの心身の豊かな育ちを支えていくための視点や、保育実践の有効な基盤となりうる子ども観の形成が、必要である。

また、子ども観と関連して、発達観や保育観も、保育実践を支えるものである。保育者として成長していくために、これらの子ども観や発達観、保育観を常に点検し、学びや気づきを取り入れていく姿勢が大切である。

【参考文献】

滝川一広『子どものための精神医学』医学書院、2017年

松原達哉編『発達心理学　健やかで幸せな発達をめざして』丸善出版、2015年

山崎晃・藤崎春代編著『臨床発達心理学の基礎（講座・臨床発達心理学）』ミネルヴァ書房、2017年

（谷　真弓）

第5章

子どもの知覚の発達

第**1**節 »»» 子どもの知覚特性と感覚機能の発達

　新生児は妊娠約 40 週で誕生し、生まれた時の体重は約 3000 ｇ、身長は約 50cm である。子どもの感覚器官は、すでに胎児期にかなりできあがっている。聴覚は胎児の時からよく発達しており、妊娠３か月頃には音に対する感受性がある。出生前３か月頃には胎内外の音に反応を示すようになり、出生直後から様々な音を聞き分けはじめることができる。

　心拍音や血流音など、子宮内で流れていた音を聞かせると新生児が安心するといわれるのも、聴覚が早い段階で機能しているからである。触覚・味覚・嗅覚も出生直後から敏感であり、急速に発達していく。

　新生児は、環境を把握するために必要となる様々な能力を備えた状態で誕生するのである。

► 1　視知覚

　新生児は、光の強度差や白と黒のコントラストを弁別でき、環境の変化を把握することができる。新生児の視力はおよそ 0.02 ～ 0.03 程度とされる（焦点距離約 20cm 程度）。周囲がぼんやりと見えている程度ではあるものの、抱っこされた時の相手の顔は見えている。

　加えて、ファンツ（Fantz, Robert L. 1925 ～ 1981）の実験では、単純な刺激（赤い円盤・黄色い円盤・白い円盤）よりも複雑な刺激（顔の絵が描いた円盤、同心円の円盤、新聞片の円盤）を注視し、特に顔の絵を長い時間注視することがわかっている（**図表 5-1**）。人間は生得的に、身近な大人と

42

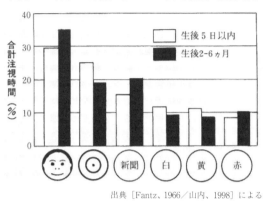

図表 5-1 異なった刺激パターンに対する乳児の注視時間

出典［Fantz、1966／山内、1998］による

やりとりを行なう能力が備わっているのである。

　その後、身体の発育に伴って視力も上昇していき、生後 6 か月頃には視力は 0.04 ～ 0.08 程度、生後 1 歳頃で 0.1 ～ 0.2 程度、生後 2 歳頃で 0.3 ～ 0.6 程度、生後 3 歳頃には 1.0 程度の視力を有するようになる。視力の発達に伴い、周りにある物を注視する段階（生後 1 ～ 2 か月頃）から動く物を追視する段階（生後 3 ～ 4 か月頃）、そして、動く物を自由に目で追えるようになる段階（生後 5 か月頃）へと進んでいく。発達には身体、運動、社会性、感情、認知といった様々な領域が相互に関連して進んでいくため、視知覚の発達も他の領域の発達と密接に関連している。

　例えば、生後 4 か月～ 5 か月頃から見られる、対象物を目で確認し、その距離を測った上で手を伸ばしてつかむリーチングは、視知覚と運動が関連している。生後 9 か月頃の、養育者が見ているものに注意を向けたり、見て欲しいものに対して視線で見るように促したりする共同注意（ジョイントアテンション）は、視知覚と社会性が関連しているといえる。

　このように、基本的な感覚は新生児のうちから備わっており、外界と関わる力をもった状態で誕生する。そして、視知覚の発達に伴って、様々な社会的な活動を行なうことができるようになっていく。

▶ 2　奥行き知覚

　私たち人間は、この世界を奥行きがある 3 次元として捉えている。しかし実は、人間の目は構造的に 2 次元までしか捉えることができない。

　私たちは両目の位置の違いから生じる見え方のズレや、外界の様々な情報（物体の陰影やかさなりなど）を脳内で処理することによって、この世界の奥行きを知覚している。奥行きがわからない場合、ものがつかめない、ぶつかる、つまずくなど、生きていく上で多くの支障が生じる。

　奥行きの理解はいつ頃からなされるのだろうか。ギブソン（Gibson, James J. 1904 ～ 1979）と彼の共同研究者は、視覚的断崖という実験装置を用いて幼児の奥行き知覚について検討を行なった（**図表 5-2**）。実験装置は、チェック柄の床の上にチェックのテーブルを置き、その上に透明なガラスの板を渡したものである。つまり、一方が浅く他方が深い谷のような作りになっており、擬似的（ぎじてき）に崖（がけ）の上にいるような恐怖を感じる状況である。この装置にハイハイができるようになった幼児（生後 5 か月 ～生後 14 か月）をテーブルの上にあげたところ、ガラス上で崖を渡ることが可能であったにもかかわらず、ほとんどの幼児は崖を渡ろうとしなかった。幼児には、奥行き知覚が備わっていることがわかったのである。

　ギブソンたちの実験は、ハイハイができる子どもでなければ参加することができなかったが、生後間もない子どもを対象とした奥行き知覚の実験も存在する（**図表 5-3**）。

　バウアー（Bower, Thomas G.R. 1941 ～）は、生後 6 日目から 20 日の新生児を対象に、接近してくる物体に対する反応を観察した。その結果、生後 2

図表5-2　視覚的断崖

出典［Gibson & Walk, 1960／山内, 1998］による

44

週間目から乳児は近づいている物体の距離に応じて目を見開く、頭をひっこめる、手を出すといった防御反応を示した。奥行きの知覚は、かなり早い段階から存在しているのである。

　また、視覚的断崖の実験の中で明らかになった興味深い知見についても触れておきたい。視覚的断崖の実験装置を用いた複数の研究者たちにより、ある条件を満たした時に子どもは断崖の方に向かって歩き出すことが見出されている。その条件とは、養育者が子どもに微笑むことであった。反対に、母親が怖い表情やこわばった顔をして見せると、子どもは断崖へ向かおうとはしなかった。すなわち、子どもは不安や心配を感じる状況下では母親の表情を手掛かりとして状況を判断している。

　このことは「社会的参照」とよばれている。社会的参照は親だけでは

図表5-3　接近してくる対象によって引き起こされた生後10日児の防御行動

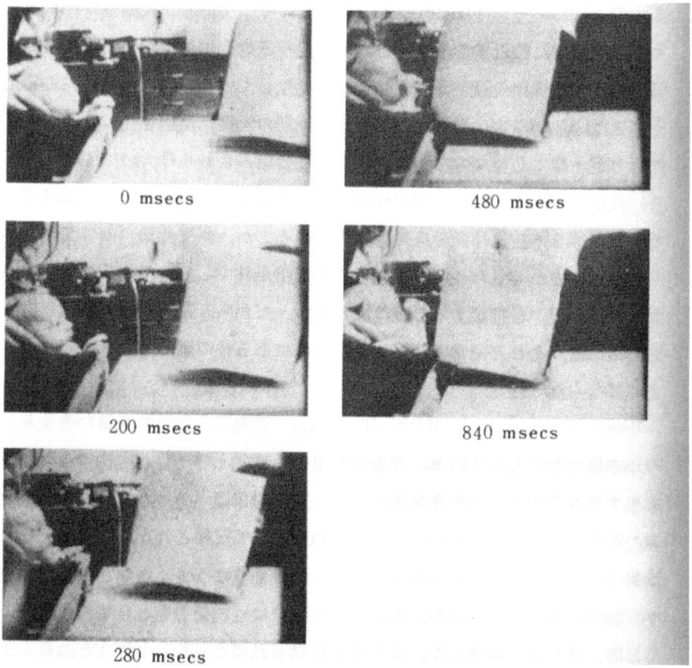

0 msecs

480 msecs

200 msecs

840 msecs

280 msecs

出典［Bower、1974／岡本ほか、1979］による

なく、信頼できる保育士に対しても生じるものといえる。保育所入所直後などに子どもが養育者からなかなか離れようとしない時は、雑談などで養育者の笑顔を引き出すことで、子どもが安心して園での活動に取り組めるようになるきっかけを、つくることができるかもしれない。

▶ 3　視野

　子どもは、「危ないから気をつけて！」と注意しても、しばしば転んだり、ぶつかったり、飛び出したりしてしまう。これには子どもの視野が大人に比べて狭いことが関係している。6歳児の場合、垂直方向の視野は、大人約120度に対して約70度、水平方向は大人約150度に対して約90度であり、全体として、大人の視野の約6割程度しか見えていないとされる。視野の違いにより、大人が見えている様々なものが子どもには見えていないことが多い。大人に比べて死角となる範囲が広いため、子どもは気をつけているつもりでも、ぶつかったり転んだりしてしまう。保育現場では、転ぶことを前提とした部屋作りや環境づくり、転んだ時にけがをする可能性があるものを置かないことが大事である。

　また、子どもの視野の特徴を把握していることは、痛ましい交通事故を未然に防ぐためにもたいへん重要である。交通事故は、2010年～2014年の調査によると、1歳児から14歳児までの死亡原因として最も多い（消費者庁、2017）。子どもの身長は1歳児で約80cm、2歳児で約88cm、3歳児で約95cm、4歳児で約101cm、5歳児で約108cm、6歳児で約116cmであり（厚生労働省、2017）、視野の狭さに加えて目線が低いために様々な物体が遮蔽物となって車の接近に気づきにくい場合や、高いところにある信号機を捉えにくい場合が生じる。散策や遠足など、園の生活の中では子どもたちと外出することも多いため、保育士として子どもたちの安全を守るためにも、保育所外の活動の中で子どもにとって何が見えにくいのかを把握しておく必要がある。

　子どもの交通事故の原因として、サンデルス（Sandels, Stina 1908～

1990）は、複数の対象に意識を向けることができないという注意の分散の問題、車の移動予測の拙（つたな）さ、交通標識の理解不足、交通事故に含まれる危険やけがへの理解不足、大人の交通ルール無視のモデリング、安全な遊び場の減少などを挙げている。

　子どもの視野を体験するために、「チャイルドビジョン」（**図表 5-4**／制作協力：テラダクラフトスタジオ 寺田松雄）という眼鏡型の器具が開発されている。チャイルドビジョンは、自治体（横浜市）の幼児交通安全教育の現場の要請により、大人が子どもの視点を理解し、交通事故の減少へつなげることを目的として考案されたものである。インターネットから無料でダウンロードでき、厚紙などに印刷して製作する。このチャイルドビジョンを身につけて段差を歩いてみる、公園の遊具に触れてみる、

図表5-4　チャイルドビジョン（東京都版）

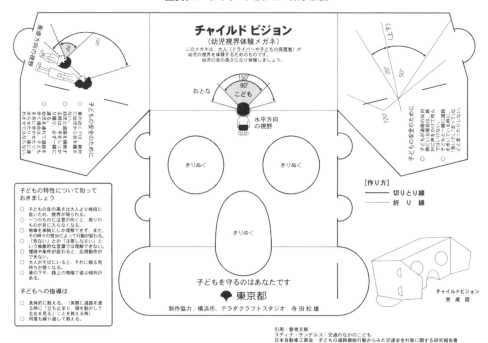

出典［東京都版チャイルドビジョン（幼児視界体験メガネ）東京都福祉保健局ホームページ（福祉保健局少子社会対策部）］

かがんで信号機をみてみる、といった活動を通して、子どもの世界を体験することが可能である。ぜひ一度活用してもらいたい。

第2節 »»» 外的な世界から内的な世界へ

　乳幼児は目に見える物に反応して様々な行動を起こしていくが、発達に伴い徐々に想像やイメージを用いて内的な世界の活動を行なうようになっていく。第2節では子どもの内的世界の活動の発達をみていく。

▶ 1　対象の永続性

　乳幼児は外界の対象に対して感覚と運動を通して認識しようと試みる。触ったら動く、押したら倒れるなど、徐々に自分の行為による対象の変化に気づくようになり、意図的に働きかけるようになっていく。

　この時期の初めには、物体が布で隠されるなど視覚的に見えなくなった場合には、あたかも消えてなくなってしまったようにふるまうが、生後5か月頃より、見えなくなった物体を探すような行動があらわれる。「対象の永続性（物体が見えなくなっても存在しているという概念）」を獲得していく時期である。

　例えば、乳幼児にとって「いないいないばあ」が、なぜ面白いのか。それは対象の永続性を獲得していないため、目の前にあるものが消えたりあらわれたりすることが、手品を見ているような不思議さや驚きをもたらすからだと考えられる。対象の永続性の理解は、見えない対象や行為をイメージする能力の芽生えであり、内的な世界の活動を始めるための第一歩である。

▶ 2　表象作用と象徴機能

　対象の永続性の理解を基礎として、2歳前後から内的世界の活動が本

格化していく。目の前にないものを頭の中に思い浮かべたり、過去の出来事を思い出したりすることができるようになる（表象作用）。この時期には、過去に見た対象の行動を、後日真似するという行動がみられる。これは「延滞模倣」とよばれ、真似をする目の前にいない対象を思い出して再現するものであり、表象作用の始まりを告げるものである。

　また、ある何かを別の何かで置き換えて理解したり表現したりすることができるようになる（象徴機能の獲得）。代表的なものにことばがあり、単語を聞いて、その単語が意味するものを思い描くことができるようになる。この時期によくみられる遊びとして「ごっこ遊び」がある。木の葉をお皿に、泥だんごをご飯に見立てるおままごとのように、様々なものを置き換えながら、遊びが展開されていく。

　このように、発達に伴い、外的な世界から得た情報だけでなく内的な世界の活動をもとにして、行動が行なわれるようになっていく。そして、表象作用や象徴機能の成熟は、思考、学習、対人関係など、その後の様々な領域における活動を支えるものとなっていくのである。

【引用・参考文献】

厚生労働省「平成 29（2017）年国民健康・栄養調査報告」
　　　https://www.mhlw.go.jp/content/000451760.pdf（2019.12.23 最終アクセス）
S・サンデルス、全日本交通安全協会訳『交通のなかの子ども』全日本交通安全協会、1977年
消費者庁「子供の事故防止に関する関係省庁連絡会議」(2017年)
　　　https://www.caa.go.jp/policies/policy/consumer_safety/child/children_accident_
　　　prevention/pdf/child ren_accident_prevention_171031_0002.pdf
　　　（2019.12.23 最終アクセス）
東京都福祉保健局少子社会対策部「東京都版チャイルドビジョン（幼児視界体験メガネ）」
　　　http://www.fukushihoken.metro.tokyo.jp/kodomo/shussan/nyuyoji/child_vision.html
　　　（2019.12.27 最終アクセス）
T・G・R・バウアー、岡本夏木・岩田純一・野村庄吾・伊藤典子訳『乳児の世界―認識の発生・その科学』ミネルヴァ書房、1979年
山内光哉編『発達心理学（上）』ナカニシヤ出版、1998年

（片岡　祥）

第**6**章

子どもの身体・運動発達

第**1**節 »»» 身体・運動発達の特徴

► 1 身体感覚と環境

　子どもの身体・運動発達を考える上で、子どもを取り巻く環境は重要である。子どもは自ら環境に働きかけ、相互作用する中で、身体・運動機能を発達させていく。例えば、「手を伸ばしものをつかむ」という運動は、「もの」という環境があり、それをつかみたいと思い、自ら手を伸ばしたときに起こる。最初はつかめないが、自ら何度も「もの」に働きかけ、やがて「もの」に触ることができ、動いた「もの」との相互作用を通して、「もの」をつかめるようになっていく。

　このとき、環境からの情報を視覚・聴覚・触覚などの身体感覚がどのように感じたかが基になって、身体・運動発達は進む。先の例で述べれば、もの（環境）を見て（視覚）、手を伸ばし、ものに触る（触覚）ことができたとする。すると、見て触ったこの感覚情報が基となり、再度、手を伸ばすという運動（一連の相互作用）が起きるのである。これが繰り返され、身体・運動機能が発達していくこととなる。このときに重要となるのが、環境に自ら働きかけるという能動性である。子どもにとって、受け身の体験ではなく、能動的に環境に働きかけたときに感じられた身体感覚が、自らの身体の動きや運動をより発達させていくこととなる。

　それでは、身体・運動機能を発達させていく上で、子どもが能動的に動くための環境の工夫として、我々ができることはあるだろうか。

　アメリカの心理学者ギブソン（Gibson.J.J. 1904 ～ 1979）は、「アフォーダンス」という理論を提唱した。アフォーダンスとは、環境そのものが行動の手がかりを与えているという、環境の意味を捉えた理論のことである。

　例えば、目の前にベッドがあったとする。通常、ベッドは就寝のためのものだが、子どもは、ベッドの上に乗ってまるでトランポリンのように跳んだりすることがある。このとき、子どもにとってベッドという環境は、「跳ぶ」という運動を「アフォードする」（afford＝与える）ともいえる。遊戯室や園庭における傾斜のある環境は、「登る」「降りる」「転がる」などをアフォードするかもしれない。もののない広い部屋は「走る」をアフォードするかもしれない。また、環境は物的な何かだけではない。人的環境である保育者が、子どもの前で縄跳びをすることで、子どもも縄跳びをするというアフォードが起きるかもしれない。

　保育環境の設定にあたり、「子どもに何をアフォードするのか」という視点から捉えなおすことで、子どもが自ら「動きたい」と思える環境を工夫していけるのではないだろうか。乳幼児期全体を通して、この環境の工夫は、身体・運動発達を育む上で重要であろう。

▶ 2　胎児期からみられる運動

　生まれて間もない乳児は、仰向けに寝かされると、頭、手足など、体の部位のあちこちをバタバタと動かすことがある。これは外部からの刺激を受けずに自ら動く運動で「自発運動」といわれる。自発運動の中で最も頻回にみられる全身性の運動は、ジェネラルムーブメントと呼ばれる。胎児期から出生後5か月前後までみられるものであり、神経系や運動機能の発達に密接に関係しているといわれている。

　また、誕生後の乳児にみられるもう一つの重要な運動は「原始反射」である。反射とは、特定の刺激に対して自動的に起きる運動をいう。原始とは「生まれたときからある」という意味である（小西、2006）。胎児

図表 6-1　主な原始反射

反射の名称	内　　　　容	生存への役立ち方
吸啜反射	指を口に入れると吸う	おっぱい（乳首）を吸う
口唇探索反射	口元や頬のあたりにものが触れるとそちらを向き、口を開けて何かを探そうとする	おっぱい（乳首）を探す
モロー反射	急に大きな音がしたり、頭部が後ろに傾くと、両腕を広げ抱きつこうとする	抱きつく（身体を守る）
把握反射	手のひらを指などで押すと握る	ものをつかむ
自動歩行反射	わきの下で身体を支え、足を床に触れさせると、足を交互に屈伸させる	二足歩行（の土台）
新生児模倣（共鳴動作）	大人が舌を出したり、口を開けて見せると、同じような表情をする	親子間のコミュニケーション促進、親の養育行動を引き出す
新生児微笑（生理的微笑）	寝ているときなどに、まるで微笑んでいるかのような表情をする	

出典：[小西、2006] を参考に筆者作成

期からみられるものもあり、生後半年頃までにはほとんどの反射が消えていく。この原始反射が生得的に備わっているおかげで、大脳が未発達で自分の意思では運動できない誕生後から、生きていくために必要な運動をすることができる。例えば吸啜反射は、授乳時に栄養を摂取するために必要な運動である（**図表 6-1**）。

　自発運動と原始反射は、大脳の発達とともに、自分の意思による運動である随意運動へと移行していくため、前述した時期を過ぎる頃には消失していく。誕生後の乳児にとって、この二つの運動は神経系と運動機能の発達に重要であり、その運動の質や消失時期などをみることで、神経系が正常に機能しているかどうかを知る指標ともなっている。

▶ 3　身体の発育

　乳児期は、胎児期を除けば一生でいちばん著しく発育する時期である。体重は約 3000g、身長は 50cm 程度で生まれ、1 年で体重は約 3 倍、身長は約 1.5 倍になる。これほど急激に発育が進む時期は、人生において二度とない。

　また、身体の諸器官の発育は、時期により発育に違いがある。乳児期から急激に発育するのは神経系である。神経系とは中枢神経（脳、脊髄など）と末梢神経（自律神経など）のことである。

　乳児期の1年間で、脳は誕生時の2倍を超える重さになる。脳は幼児期に入っても発育し続け、5〜6歳頃には成人の約90％の重さにまでなる。人間の赤ちゃんは、生まれてから急激に脳を発育させていく特徴がある。だから、神経系が大きく発達するこの時期の学習が、とても重要なのである。

▶ 4　運動の分類と発達の流れ──乳児期から幼児期にかけて

　運動は大きく分けると粗大運動と微細運動に分けられる。それぞれの運動には協調運動が含まれており、以下のように考えるとよい。

・粗大運動─移動や姿勢などに関係する比較的大きな身体運動のこと
・微細運動─手指の操作などの細やかな運動のこと
・協調運動─目、手、足など複数の器官を協力させて行なう運動のこと

　例えば、はいはい（粗大運動）は、目で前方を見ながら姿勢を保持し手足を動かすという協調運動であり、ものをつかむ（微細運動）という動作は、目で見て手でつかむという目と手の協調運動である。

　運動発達の流れとしては、まず、身体全体や四肢を動かすといった、おおまかな運動である粗大運動が発達していく中で、次第に手や指を使った細やかな動きである微細運動ができるようになっていく。

　運動機能は、感覚器官の発達やそれらに伴う認知能力、知的能力の発達など、他の諸機能と密接に関連しながら発達していく。特に重要なことは、人やものへの興味・関心からくる意欲（触りたい、つかみたい）が運動発達の原動力という点である。

第2節 >>> 粗大運動の発達

▶ 1　乳児期からの粗大運動の発達──その特徴と発達過程

　粗大運動の発達は、頭部から進み、足部へと向かう方向性がある。例えば、首がすわり背中がしっかりしてきたのち、腰が安定してくると、ひとりすわりができるようになる。次に、足でからだを支えて立てるようになると、ひとり歩きができていく、というようにである。

　首のすわりからひとり歩きまでの運動発達の様子について、図示した（図表6-2）。これは、厚生労働省が10年ごとに行なう全国調査のデータである。この図表を、どのくらいの月齢でどんな運動ができるかを知る目安としてほしい。そして、個人差が大きいことに注目してほしい。例えば「はいはい」では、早くできた子と後からできるようになった子の間で、約1年もの差がある。同様に「つかまり立ち」では約9か月、「ひとり歩き」では約8か月の差がある。

　運動発達の個人差は、個人の要因だけでなく、環境との相互作用などによる影響も受ける。目安としてその運動ができる月齢を知っておくことは必要だが、その月齢で必ずできると理解するのではなく、個人差の

図表6-2　一般調査による乳幼児の運動機能通過率（%）

運動機能＼月齢	～3	4	5	6	7	8	9	10	11	12	13	14	15	16	17
首のすわり	11.7	63.0	93.8	98.7	99.5										
ねがえり	1.1	14.4	52.7	86.6	95.8	99.2	98.0								
ひとりすわり			0.5	7.7	33.6	68.1	86.3	96.1	97.5	98.1	99.6				
はいはい			0.9	5.5	22.6	51.1	75.4	90.3	93.5	95.8	96.9	97.2	98.9	99.4	99.5
つかまり立ち				0.5	9.0	33.6	57.4	80.5	89.6	91.6	97.3	96.7	99.5		
ひとり歩き						1.0	4.9	11.2	35.8	49.3	71.4	81.1	92.6	100.0	

（注）　▓▓▓ は、90％以上が可能になっている運動と月齢を示す
出典［厚生労働省、2012］を基に筆者作成

幅があるものと捉えてほしい。また、首のすわりからひとり歩きまでの順序についても個人差があり、必ず一定の順序で進むとは限らないものである。

　重要なことは、個々のその子らしさのペースの中で、どんな環境でどんな運動発達の学びをしてきたかという過程に着目することである。それによって、その子に合った運動発達の援助を考えていけるであろう。

▶ 2　幼児期の粗大運動の発達

　生後1年以降から就学前までにかけては、歩く、走る、跳ぶ、投げる、蹴るなどの基礎的な粗大運動が獲得される時期である。

　目安としては、1歳半までに走り、2歳半までにその場でジャンプができるようになる。3歳頃には、両足をそろえて前に跳ぶことができるようになる。子どもは、遊びを通じからだを動かす中で発達していく。そして6、7歳頃までには、成人が行なう運動パターンのすべてが習得される（杉原、2014）。

　幼児期後期では、特に調整力が発達する。調整力とは、目的に合わせて身体各部を適切に協調させる能力のことで、以下のように分けられる。

・平衡性（バランス）
・敏捷性（すばやさ）
・巧緻性（正確さ）

　例えば、幼児期後期に片足跳びやスキップが可能になるのは、調整力の中でも、特に姿勢を保つ平衡性（バランス）の発達がみられることと関係している。この調整力が伸びることで、次の児童期からの高いレベルの専門的な運動をする段階へ向かう土台が、つくられることとなる。

　つまり幼児期後期は、多くの様々な運動を経験することが運動発達にとって重要とされている（杉原、2014）。

第3節 »»» 微細運動の発達

▶1 乳児期からの微細運動の発達──その特徴と発達過程

　手や指などの操作である微細運動の発達は、粗大運動でもたらされる感覚情報がもとになる。からだを動かしたときの感覚情報（固有覚）に、つかんだり触ったときの触覚情報が積み上げられる中で発達していく。

　微細運動の発達は、からだの中心部から末端部へと向かう方向性がある。例えば、ものをつかもうとするとき、最初は肩を中心にして動かす段階があり、次に肘を伸ばすなどの肘を中心に使う段階を経て、手首、手、そして指を使う段階へと進んでいく。よって、最初は肩を中心に半円を描くように遠回りしてものに向かっていたのが、発達とともに最短距離の直線でものに向かい、つかむことができるようになっていく。

　手を伸ばしものをつかめるようになる4か月頃は、手の小指側でものをつかむ。これは、把握反射の弱まりとともに、小指側の方から手を開くことができるようになるためである。そして7か月頃には、手の中心で親指と他の4本の指の間にものを入れてつかむようになる。8か月頃には、手のひらではなく親指、人差し指、中指でものをつかむようになり、9か月以降には親指と人差し指の先でつまめるようになる。このようにして、「つかむ」から「つまむ」という微細な動きが発達していく。

▶2 幼児期の微細運動の発達

　幼児期は、玩具を操作したり、絵本のページをめくったり、衣服の着脱をしたりと、遊びや生活の中で直接、手指を操作する機会が増える。また、この時期の象徴的な出来事として、道具の使用が挙げられる。スプーン、箸、はさみ、鉛筆など、多くの道具を使えるようになる。道具は、手指だけだと難しいことや効率的にできないことなどを助けてくれる。

　道具は手指の機能の延長といわれる。例えば、豆腐を箸でつかむとき、つぶさないように力を調整する。手指の力を加減しているのである。道具の使用が進む幼児期でも、基本となるのは手指の感覚、運動の直接体験である。食事でのスプーンの使用前に「手づかみ食べ」の経験が重要とされるのは、スプーンを使って食べるという運動も、手づかみ食べの直接体験が基礎になるからである。乳幼児期は手指を使った多くの直接体験をすることが、道具の使用のためにも重要である。

　その上で、道具の使用の技能は、試行錯誤の動きを繰り返し、力の入れ方や調整のし方を感じることを通して高まり、効率的な持ち方や使い方ができるようになる、という過程をたどる。その道具を使いはじめる時期から効率的に使えるようになるまでは期間を要する。どのような使い方が可能かによって、使いこなすまでの時期にも幅がある。

　例えば、スプーンの使用は、1歳半頃から始まるが、ほとんどこぼさないで使えるようになるのは3歳頃である。はさみは、3〜4歳頃から使用が始まるが、直線だけでなく曲線が切れるようになるのは5〜6歳頃にかけてであり、技能を伸ばしていく過程にも差がある。

　ただし、手指を直接操作することも道具を使用することも、「こうしたい」という子どもの意欲が原動力となる点は、忘れないようにしたい。

【引用・参考文献】

厚生労働省雇用均等・児童家庭局「平成22年乳幼児身体発育調査報告書」2012年

小西行郎『知れば楽しいおもしろい赤ちゃん学的保育入門』フレーベル館、2006年

佐々木正人『新版アフォーダンス』岩波書店、2015年

杉原隆・河邉貴子編著『幼児期における運動発達と運動遊びの指導──遊びのなかで子どもは育つ』ミネルヴァ書房、2014年

林万リ監修『やさしく学ぶからだの発達』全国障害者問題研究会出版部、2011年

（稲場　健）

第**7**章

愛着の形成と発達

第**1**節 »»» 愛着関係の発達

▶1 愛着とは

　ボウルビィ（Bowlby, J. 1907 ～ 1990）によれば、「愛着」とは「子ども
と主養育者との間に結ばれる情緒的な絆（きずな）」であり、子どもの人間形成
の基礎となる心の実感である。親子の間に良い愛着が形成されることは、
親子間で望ましい人間関係を築いているということであり、子どもの成
長における人間関係を築く力の土台となる。

　愛着は、新生児期から乳児期において、主養育者である親とのふれあ
いの中で応答的・受容的な関わりが積み重ねられることで形成されてい
く。愛着が形成されると、子どもは親を「安心感を与えてくれる場」と
してみるようになる。つまり、「いやなことがあったときは、ここに戻
れば元気をもらえる！」といった具合に、子どもの心のエネルギーを与
えられる機能を果たすとき、親は子どもにとって「安全基地（Secure
base）」となっているといえる。愛着関係によって「守られている」と
いう実感をもつこと、子どもが親を安全基地とすることによって、子ど
もは少しずつ親から離れて外の世界を探索し始めるのである。

▶2 愛着形成と基本的信頼感の獲得

　愛着形成に不可欠なのは、子どもの思いを汲（く）み、それを受容するとい
う、子どもに寄り添った温かい関わりである。例えば、母親・父親は子

どもの泣き声からお腹がすいていることに気づき、ミルクをあげながら「おいしいねぇ」と声をかける。また、おむつを替えるときに「きれいになったね」、「気持ちいいね」と声をかける。こうした温かな言葉がけを通して、子どもは「親に受け入れてもらっている」実感をもつことができる。そして、このような積み重ねが、子どもの中に「私はここにいて大丈夫」という実感をもたらすのである。

　良い愛着形成を築くことができると、子どもは「人に関する基本的信頼感」を獲得していくことができる。基本的信頼感とは、「自分はここにいてもいい」、「他者や外の世界は自分を受け入れてくれる」という自分や他人に対して安心できる感覚である。乳児期のおよそ1年間の親子関係で、子どもは親との間に愛着関係を結ぶ。その愛着関係を土台として、自分や他者に対する基本的信頼感を培っていけるのである。

　多くの子どもが、3歳頃には次の生活の場である保育所などに入っていく。そこで、保育士が「第2の愛着対象」としての役割を果たすことが重要となる。子どもは保育士を外の世界での「安全基地」とすることで、未知なる外の生活で安心して過ごしていけるのである。

▶3　内的ワーキングモデル

　愛着関係によって子どもの中に形成されるものは、基本的信頼感だけではない。愛着関係を通して形成された人間関係の基本的な姿勢は、「内的ワーキングモデル（インターナル・ワーキング・モデル：Internal Working Model）」と呼ばれ、その後の成長過程における対人関係のもち方として機能する。内的ワーキングモデルは、養育者との関係に対する見通しや、主観的確信によって個人の中につくられる「他者や対人関係一般に関するシミュレーションのための認知モデル」である。

　愛着形成の初期においては、子どもは親からの温かい言葉がけや、身体的接触を伴って自身の不安や葛藤を解消していく。このとき親は、子どもにとって「安全を提供し、心のエネルギーを補給することができる

『安全基地』」として機能する。その後子どもは、親との身体的接触がなくとも、空間を共にし親が「居る」ことで、安全が確認され、不安が解消される。こうして、子どもの心の中に「安心を得られる対象としての母親」が、確かに位置づけられていく。これは「親イメージの内在化（愛着対象の内在化）」と呼ばれる。この過程を通して子どもは次第に、直接的にふれあいを得ることなく心の中で親という愛着対象をイメージすることで安心し、不安や葛藤を乗り越える力を身につける。

　心の中に「重要な他者との安心できるやりとりのモデル」があることは、愛着対象以外の他者との対人関係を形成するときの土台として機能する。また、内的ワーキングモデルは幼少期の対人関係だけでなく、成人期以降の対人関係のもち方にも関連するといわれている。幼少期に安定した愛着関係を形成してきた者は、成人期以降の対人関係においても良好な関係を築きやすいのである。

第2節»»» 愛着のタイプと愛着形成の方法

►1　愛着の4つのタイプ

　それでは、親子間の愛着は誰しも同じものなのだろうか。エインズワース（Ainsworth M, 1913 ～ 1999）は、子どもと親との愛着関係の質を調べるために、ストレンジ・シチュエーション法という手続きを考案した。子どもが愛着対象に接近するのは、不安やおそれといったストレスを生じる場面である。ストレンジ・シチュエーション法では、子どもにとって見慣れない「ストレンジ場面（親との分離、見知らぬ大人との対面）」を設定し、その後、愛着対象である親と再会した際の子どもの反応から、愛着のタイプを見出している。エインズワースらの報告では、以下の三つの愛着タイプが報告されている。

①Ａタイプ(回避型)：親との分離に際して、泣いたり混乱するといった目立った反応を示さない。また、ストレンジ場面後の親との再会においても、特に嬉しそうにしたり、親に接近したりといった行動も示さない。親が子どもに接近しても、それを避けるような行動がみられる。このような愛着形成が希薄な子どもは、親を安全基地としておらず、探索行動も乏しい。

②Ｂタイプ(安定型)：親を安全基地として、外界への探索行動が盛んにみられる。分離に際しては泣いたり不安を表すが、親との再会場面では積極的に身体接触を求めたり、嬉しそうな表情を見せ、再び探索行動を行なう。

③Ｃタイプ(アンビバレント型)：親との分離に際して、強い不安を示す。一方で、親との再会場面では親に強く身体接触を求めたり、強い怒りを表したりする。再会の安心感と分離の怒りが同時に存在し、なかなか気持ちを落ち着かせることが難しい。

　エインズワースらが見出(みいだ)したのは上記の３タイプであるが、近年ではＤタイプという、無秩序な愛着反応を示す群も報告されている。このタイプの子どもは、親との分離・再会のどちらの場面でも、接近はするが強い緊張を表したり、甘えるかと思えば攻撃的になったりする。つまり、愛着対象に対して「どのように反応すればよいか分からない」といった混乱がみられる。こうしたＤタイプは、虐待を受けた子どもに多くみられ、親を愛着対象として位置づけたいが、同時に親を自分を攻撃してくる脅威的な存在として感じている。そのため、安定したイメージを親に対してもつことができず、一貫性のない混乱した反応を示す。

　愛着のタイプが分かれるのは、子ども自身のもって生まれた気質だけでなく、親とのふだんの関わり方による。親が子どもの思いを汲み、受容的に関わることを積み重ねていくことで、子どもは親に対して信頼感

を抱き、愛着を獲得したＢタイプの子どものように、親を安全基地として、外の世界への探索に安心して臨んでいけるのである。

▶2　親子間の相互同調性

愛着形成は、大人から子どもへの一方向的な関わりによってなされるのではない。今から1世紀ほど前には、人間の乳児は自らの力で生命を維持することもできず、他者（親）から全面的にケアを受けなければならない「受動的な存在」であると考えられていた。

しかし、乳幼児に関する研究が進むにつれて、人は、乳児のうちから周りの環境に働きかける能動的な存在であることが分かってきた。

例えば、生まれつき備わった原始的な反射行動に「生理的微笑」がある。子どもの微笑みは、母親からのケアを引き出す効果がある。母親のケアによって欲求を満たされれば、子どもは満ち足りた反応を示し、それがさらに母親の愛着行動を引き出すのである。このようなやりとりの過程を「相互同調性」と呼ぶ。相互同調性を親子間で十分に味わい、積み重ねていくことで、愛着関係はより安定したもの（例えば、Ｂタイプ）になっていく。

また、相互同調性の質の高いやりとりは、子どもの学びに様々な良い刺激をもたらす。例えば、親の口の動きを模倣し、自分にかけられる言葉をコミュニケーションのための素材として学ぶのである。

▶3　愛着形成につなげる「マザリーズ」「情動調律」

乳児期における愛着形成おいては、主養育者や保育者との温かな関係性が結ばれる必要がある。しかし、この「温かな関わり」とは何であろうか？　出産し、親になってからすぐに子どもの欲求にうまく応えることは難しい。子育てそのものが初めてのことばかりで、毎日が精一杯である。特に新生児期では、子どもの授乳・睡眠のリズムに合わせることに大変苦労し、親には心身ともに余裕がない。

　しかし母親・父親は、悪戦苦闘しながらも次第に親としての関わり方を自然と身に着けていく。その関わり方の一つに「マザリーズ」と呼ばれるものがある。マザリーズとは「乳幼児に向かって話すときに自然と口をついて出る、声の調子がやや高く、ゆったりとした話し方」（児玉、2015）とされる。一般的にマザリーズの対象となるのは、言語を獲得していない新生児から2歳児頃までの乳幼児である。

　マザリーズには、独特の話し方のテンポや声の高さ、抑揚がある。これらの特性は、まるでメロディであるかのような音楽的要素があり、メロディ的な話し方には話し手の感情がこもっているとされる。実際に、マザリーズに感情表現を込めて乳幼児に語りかけた場合、異なる言語を母語としてもつ子どもたちが、同じ感情反応を示すことも報告されている。マザリーズによる「安心感を与える関わり」によって、子どもに情緒的な安定をもたらし、愛着形成を促すことができるといえる。

　また、良い愛着形成を築くためには、マザリーズのほかにも、子どもがあらわしてくる思いを汲み取る力を培うことも大切である。「子どもの情動を適切に察知し、汲み取り、子どものニーズに合わせていける力」（スターン、1989）のことを「情動調律」と呼ぶ。

　生まれたばかりの新生児の自己表現の方法は、「泣く」ことである。新生児は、空腹だ、眠い、オムツが気持ち悪い、といった様々な欲求不満を泣くことによって訴えている。親になって直後の頃では、子どもの泣き方の中身を適切に汲み取ることは難しい。しかし、2、3か月もすると、子どもの「泣き方」に微妙な差異があることに気づくようになり、子どもの泣き方の中にあるニーズに合わせた関わりができるようになる。このような情動調律の力が親の中に育っていくことで、愛着関係も良いものになっていくのである。

　親子間の相互同調性との関連では、例えば「子どもが泣く」→「親が適切に対応する」→「子どもが泣きやみ、笑う」→「親の中に子どもへの愛おしさが強まる」というやりとりの積み重なりが、愛着関係をより

安定したものにする。このやりとりの中で発揮されるマザリーズや情動調律は、愛着形成の良い循環をつくり出すのである。

第**3**節 »»» 愛着形成の援助

► 1　現代家庭の愛着形成についての課題

　愛着形成には、子どもと親の関わり合う関係が必要である。しかし、誰もがはじめから適切な関わりができるわけではない。近年では「子どもとうまく関われない」、「子どもとの関わり方が分からない」といった自信のない親も増えてきている。

　こうした親の姿勢は、子どもとの安定した愛着関係の形成を困難にする。このような状態が長く続いたり、著しい場合には、子どもは、安定した親子関係を築くことはもとより、保育士や同年代の子どもとの関わりにも難しさを抱えてしまう。

　また、核家族化や地域からの孤立化が、現代の子育て家庭を取り巻く問題として挙げられる。その極端な例が、児童虐待や、うつ（鬱）病などの精神疾患を抱えた親による子育てである。このような例では、親子間のやりとりが消極的になったり、健全な愛着形成が阻害されてしまったりするケースも目立つ。

　保育士は、このような困難さを抱えた家庭とも出会う。つまり、子どもの育ちの専門家として、保育士には子育て家庭を支援する役割も、求められてきているのである。

► 2　援助者としての保育士の姿勢

　現代の子育て家庭への援助を考えるとき、エリクソン（Erikson,E.H. 1902 ～ 1994）のいう「生涯発達」という視点をもつことが特に重要であ

る。生涯発達とは、「人の発達は一生涯を通じて行なわれるもの」であり、「各発達段階では、特有の乗り越えていくべき発達課題」がある、という考え方である。乳児期であれば愛着形成を通じた基本的信頼感の獲得、幼児期では自律性の獲得といった、その時期の発達課題がある。それを乗り越えていくことで、次の発達段階における社会環境・社会集団に入り、より適応していくことができる。

　ところが、ある時期の発達課題が乗り越えられないままでいると、次の発達段階の場に入っていくことができない。発達の初期の課題である愛着関係は、その後の子どもの成長の土台となる。しかし、乳児期の愛着形成につまずきがあると、いつまでも親と離れて過ごすことができなくなってしまう。親との愛着関係が形成できていないと、外の世界で第2の愛着対象となりうる保育士との関係を築くことも難しくなってしまうおそれがある。

　様々な子育て家庭の課題に対して保育士は、人生の初期段階である乳幼児期において、愛着形成とは人間性形成の土台となる重要な育ちであるという点を十分に理解しなければならない。そして、今の子どもの育ちは次の成長につながっていくという視点をもって、親子の愛着形成を援助できる学びを修めていくことが必要なのである。

【引用・参考文献】

内山伊知郎監修、児玉珠美・上野萌子編著『0・1・2歳児の子育てと保育に活かす　マザリーズの理論と実践』北大路書房、2015年

小嶋秀夫・やまだようこ編著『生涯発達心理学』(放送大学教材) 放送大学教育振興会、2004年

スターン、神庭靖子・神庭重信訳『乳児の対人世界　理論編』岩崎学術出版社、1989年

帆足暁子『0・1・2歳児　愛着関係をはぐくむ保育 (保育力UP！)』学研プラス、2019年

（伊藤　亮）

第8章
子どもの情緒・欲求の発達

第1節 >>> 情緒の発達

▶ 1 　情緒とは何か

（1）情緒のめばえと発達

　乳児はまだ言葉を話さないが、泣いたり微笑んだり、周囲の人の顔をじっと見つめたりする。そんな様子を見て「どんなことを感じているのだろう？」と思ったことはないだろうか。本能的な笑いを「生理的微笑」といい、ヒトは生まれて間もなく微笑することがわかっている。この笑いは、生後3か月頃にみられる「社会的微笑」とは区別される。

　「生理的微笑」は、睡眠中に見られることが多く、乳児がふとした瞬間にニコっと微笑むものであり、その愛らしい様子から「天使の微笑」とも呼ばれている。一方、「社会的微笑」は、人との関係の中で現れ、例えば、大人があやすと笑顔が返ってくるなど、人との関係の中で現れる反応である。このように周囲の刺激に対して反応するようになることは、乳児が、人との関わりの中で生きていく社会的な存在であることを表しているといえよう。

　乳幼児期の感情の発達について触れてみたい。

　ブリッジェス（Bridges,K.M.B. 1897～?）による古典的な研究では、生まれた時は「興奮」のみが存在するとされる。その後、興奮状態から生後3か月頃に「不快」「快」「興奮」に分化し、喜怒哀楽といった情緒が出そろうのは2歳頃であるとされた。その後新生児の研究が進み、ブ

リッジェスが指摘したよりもかなり早い時期に、基本的な情緒が発達すると考えられるようになった。

　ルイス（Lewis, M. 1937～　）は、誕生時には「充足」「興味」「苦痛」の原動があり、生後6か月までに「喜び」「驚き」「悲しみ」「嫌悪」「怒り」「恐れ」といった感情がみられるようになると考えた（**図表8-1**）。その後1歳後半を過ぎると、「照れ」「共感」「羨望（あこがれ）」「誇り」「恥」「罪」といった、より複雑な感情がみられるようになる。

　このことは、自分が他者にどう見られているか、他者から何を期待されているのか意識し始めること、つまり、自分自身に意識を向けるようになる自己意識の発達と深く関連している。

（2）感情とは

　私たちは普段から泣いたり笑ったり、怒ったり悲しんだりと、様々な感情を経験しながら生活している。私たちは「感情」（feeling）という言

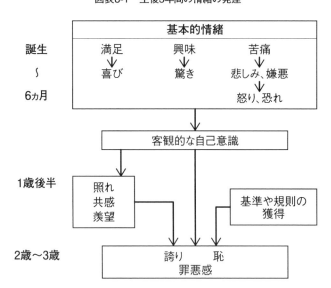

図表8-1　生後3年間の情緒の発達

出典［繁多、1999］を基に筆者作成

葉を一般的によく使うが、心理学ではもう少し細かく分類している。

　　・「情緒」あるいは「情動」（emotion）
　　・「気分」（mood）
　　・「情操」（sentiment）

　「情緒」は、「情動」と同じ意味で使われることが多い。感情の中でも怒り、恐れ、喜び、悲しみのように、比較的強く急激で、一時的なものをさし、顔の表情などを含め、身体に起こる変化を伴う。言葉で表現される感情であり、怒りで心拍数が上昇するなどは、この例である。
　「気分」とは、例えば「今日は気分がいい」「憂うつ（鬱）な気分」などと表されるように、情緒や情動に比べて弱い感情であり、ある期間持続するものをさす。
　「情操」は、美しいもの、尊いもの、崇高（すうこう）なものなど、文化的価値をもつ対象に接したときに感じる感情をさす。生まれもって備わっている生得的な感情ではなく、教育によってつくられる。
　基本的情緒を、ヒトの表情から分類した研究者たちもいる。その中でもイザード（Izard,C.E. 1923 ～ 2017）らは、ヒトは喜び、興味、驚き、恐れ、怒り、苦痛、嫌悪、軽蔑、恥などの情緒をもって生まれてくると考えた。またイザードらは表情分析システムを開発し、表情の筋肉の動きはどの文化でも人類に共通するものであるとした（**図表 8-2**）。

▶ 2　感情を理解できることと育てること

（1）他者の感情の理解
　乳児期に芽生（めば）えた様々な感情は、徐々に自分以外の他者の感情の理解へと進んでいく。生後数日の乳児でも、他の乳児の泣き声につられて泣き出す様子が見られる。これは「情動伝染」と呼ばれ、その後の共感性の始まりとなるとも考えられている。

68

図表8-2　基本的情緒

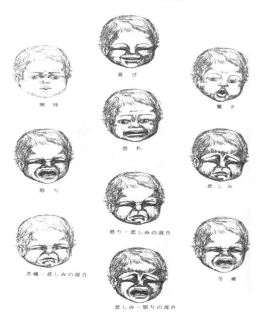

出典［イザード、1996］

　生後12か月頃には、どのように行動していいかわからないときは、養育者（母親のことが多い）などの表情を見て笑顔でいれば近づき、不快な顔をしているときは近づかないなど、他者の表情や感情を参考にして自分の行動を決めるようになる。これを「社会的参照」という。つまり、次第に他者の表情から情報を得て行動することが可能になるのである。

　4歳頃になると、他者の気持ちを推測することができるようになる。他者の立場に立って考え、他者が自分と違う考え方や信念をもっていることが理解できるようになる。これは「心の理論（theory of mind）」と呼ばれ、他者とのコミュニケーションに大切な心の機能である。

　幼児期になり、自分の感情を言葉で表現できるようになることで、泣いたり、だだをこねたりしていた子どもも、自分の行動をコントロールでき、「うれしいね」など、他者と言葉で感情を共有できるようにもなっていく。

(2) 感情を育てること

　自分にわき起こった感情をコントロールすることは、大人でも難しいことがある。子どもがいらいらしたり、むしゃくしゃしたりして、泣いたり、怒ったりしたときに大事なことは、子どものネガティヴな感情を、養育者や保育士が「安全に抱える」ことである（大河原、2006）。

　「泣かないの！」「怒ってもしょうがないでしょ」と抑えようとするのでなく、「泣きたいね」「むしゃくしゃしてるんだね」と受けとめることが大切である。子どもは身体を抱っこしてもらうことで（身体だけでなく心も温かく包んでもらうことにつながる）、安心できると同時に、「ネガティヴな感情をもってもいいんだ」と理解し、発達に伴い、次第に感情をコントロールできるようになっていく。

　「キレる」という子どもの問題が注目されて久しい。だが、感情を大事にした養育者や保育士の関わり方によって、自分の感情を正しく外に出すことがでるようになり、「キレ」ずにすむようになるのである。

　このように、子どもの感情に大人がどう対応するかは、子どもの育ちを支える上でとても重要である。ゆえに保育士には、子どもが自分の感情をいつわることなく、正直に向き合うことができるよう、支援することが求められる。

第2節 »»» 欲求の発達

► 1　欲求とは何か

(1) 欲求の種類と「欲求階層説」

　「欲求」とは、要求とも呼ばれ、人の行動を方向づける理由や原因のことである。欲求には「生理的欲求」と「社会的欲求（心理的欲求）」がある。

　生理的欲求は、睡眠、食、排泄など、人が生きていくのに欠かせない
欲求であり、社会的欲求（心理的欲求）は、愛、社会的承認、所属、独
立、成就など、集団に所属したい、認められたいなど、人間らしい、社
会との関係の中で起こる欲求をさす。

　人間の欲求を5段階で表したものに、マズロー（Maslow,A.H. 1908 ～
1970）が提唱した「欲求階層説」がある（**図表8-3**）。5段階とは、根底に
ある欲求である「生理的欲求」、安全で安心な生活を送りたいという
「安全欲求」、愛されたい、周囲から必要とされたい、集団に所属したい
という「愛と所属と愛情の欲求」、周囲から認められたい、尊重された
いという「承認と自尊の欲求」、自分のもっている能力や技術を生かし
て、理想の自分になりたいという「自己実現の欲求」をさす。

　最も高次な「自己実現の欲求」は成長欲求ともよばれる。それ以外の
4段階は欠乏欲求ともよばれ、欠乏欲求は、満たされていないとき不安

図表8-3　マズローの欲求階層説

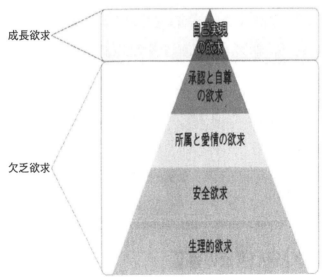

出典［板口ほか、2017］

を感じるとされている。「生理的欲求」から順に満たされることによって、1 段階上の欲求に移っていき、やがて最も高い段階である自己実現を達成する。

(2) 生理的欲求を満たすことの心理的な意味

　乳児はまだ言葉を話さないため、泣くことを通して様々な欲求を伝えようとする。

　養育者は、乳児の様子から眠いのか、空腹なのか、おしめが汚れて気持ち悪いのかというような欲求を読み取り応えることで、乳児の生理的欲求を満たしていく。乳児はこれらが満たされると、今度は「だっこして欲しいなあ」「あまえたいなあ」という欲求が出てきて、微笑むなどして、養育者に欲求を伝える。

　つまり、お腹がすいたと思ったらミルクをくれたり、甘えたいときに抱っこしたりしてくれる、といったタイミングのよい関わりによって、養育者と子どもとの絆がつくられていく。

　このように、養育者が乳幼児の生理的欲求を満たすことが、同時に心理的な欲求も満たすことになる、という点に重要な意義がある。生理的欲求が満たされることで、乳幼児は「この生まれた社会（家庭）は安心できる」という自分が生活する環境への信頼を獲得することができるのである。

　これを、エリクソン（Erikson,E.H. 1902 ～ 1994）は「基本的信頼感」と唱えた。乳幼児がこの感覚をもてることが、生涯を生きていく上で対人関係の重要な基盤となるとされる。

▶ 2　欲求が満たされないとき

　自分の欲求が明確に自覚できるようになり、「こうしたい」という思いが芽生えるが、いつも思い通りになるとは限らず、満たされないままになることもある。これを「欲求不満」という。欲求不満の状態に耐える力は「欲求不満耐性」と呼ばれる。

　不満に耐える力をつけるためには、集団生活の中で自分の思いを周囲に合わせながら我慢する力が必要だが、大人の仲裁が入ることで自分自身で折り合いをつけてしまって、解決する力が育ちにくくなっているという指摘もある（小林、2007）。養育者や保育者がどこまで関わるのかが重要となってくる。

【引用・参考文献】

C.E. イザード、荘厳舜哉監訳『感情心理学』ナカニシヤ出版、1996年

板口典弘、相馬花恵編著『心理学入門』講談社、2017年

大河原美以『ちゃんと泣ける子に育てよう』河出書房新社、2006年

川島一夫編著『図でよむ心理学　発達〔改訂版〕』福村出版、2011年

後藤宗理編著『子どもに学ぶ発達心理学』樹村房、1998年

小林芳郎編著『子どもを育む心理学』保育出版社、2007年

高橋一公、中川佳子編著『生涯発達心理学15講』北大路書房、2014年

繁多進編著『乳幼児発達心理学』福村出版、1999年

谷田貝公昭編集代表『改訂新版 保育用語辞典』一藝社、2019年

（瀧口　綾）

第9章
社会情動的発達

第1節 »»» 自己意識の発達

▶ 1 自己意識の芽生え

　生まれたばかりの幼児は、自分と他者や外界との区別がはっきりしていない。自己の発見は、視覚や聴覚、触覚を通じた体験から始まる。

　例えば、幼児は何でも口に入れて、なめたりかじったりして、その感触や味を確かめる。自分の手や足の指も口に入れたりするが、おもちゃを口にしたときとは違い、くすぐったい、痛い、という体験をする。

　このような感覚器官の体験から、「自分に属するもの」と「自分以外のもの」との区別を知り、自分と他とが別の存在であることを理解するようになる。

▶ 2 鏡映自己の認知

　大人は、鏡に映った自分の姿を自分だと認識し、鏡を利用して髪を整えたり化粧をしたりする。しかし、3〜4か月頃までの幼児は、自分が映っているとはわからず、鏡を叩いたり、顔をつけたりして様子をうかがうしぐさをする。

　1歳頃になると、鏡に映った像は実物ではないと認識するようになるが、まだ自分だとは思わず、他者と思うことが多い。1歳半〜2歳頃になると、鏡の像は自分であると認識できるようになる（自己像認知）。

　これを調べる指標として最も有名なものはマークテスト（またはルー

ジュテスト）と呼ばれる手法である。これは、子どもに気づかれないように子どもの鼻に口紅でマークをつけておき、子どもが鏡を見たときの反応を調べるもので、鏡を見ながら自分の鼻を触ったり、手で拭ったりするようなしぐさを見せれば、鏡映自己像を認知していると考えられる（Lewis & Brooks-Gunn. 1979／Amsterdam 1972）。

▶ 3　他者との関わりで身につく自己意識

　チンパンジーも、鏡の映像を自分だと認識できるという報告がある。だが、仲間から隔離されて育ったチンパンジーは自己像の認識ができず、鏡の自分に向かって怒って興奮したり、怖がったりするという（Gallup、1977）。これは、自己意識が生来備わっているものではなく、他者との関わりの中で身につくものであることを示している。

　子どもが「自分」に注目し自己意識を強めるのは、他者から名前で呼ばれる経験も影響する。

　自分の名前を子どもが理解できるようになるのは、1歳3か月頃であるとされる。この頃には自分の名前を呼ばれると返事をするが、違う子どもの名前には返事をしない（園原、1980）。一人ひとりに名前があることを知り、自分と他者とが区別される存在であることを認識するようになる。また、断片的だった自己についての知識を、名前というラベルによってまとめたりもする。

　子どもは次第に自分の行動に対する他者の反応から、自分はどんな存在なのかということについての知識やイメージをもつようになる。自己意識が身体的・表層的なものから、性格や能力、生き方など自己の内面的なものに深化していくのである。

　このように、自己に気づき、自己意識を高めていくうえで、他者の存在は欠かせないのである。

第2節 »»» 社会性の発達

► 1　社会性とは

　人は集団の中で生活している。集団には様々なルールがあるが、所属する集団での適切な行動を身につけていくことを「社会化」と呼ぶ。社会化の過程で、所属する集団や社会に適合した考え方を学習し、それを理解し、状況に合わせて行動する能力を「社会性」という。

► 2　社会的機能の発達

　生まれたばかりの幼児は、人の顔や視線に対して興味を示すことが分かっている（Goren et al. 1975）。生後9〜10か月以降になると「自分と他者」「自分ともの」という「二項関係」から発展して、「自分・他者・対象（もの）」という「三項関係」ができてくる。

　これは、母親が指し示すものを幼児が目で追うことや、自分では届かないものを取ってもらいたいという要求を、指をさして知らせることができることを意味する。

　このように、子どもは他者の視線を追い、指さしができることで、他者と一緒にものに注目する「共同注視」が可能になる。こうして、他者と関わりをもつために必要な基本的能力の基礎がつくられていく。

► 3　社会性の発達

　1歳頃には、人との関係性を母親や養育者の表情から読み取るという「社会的参照」が現れる。これは、自分で自分の行動を決められないときに、母親の表情や態度を手掛かりにして行動することである。

　3歳頃には親への依存的関係から徐々に脱し、自分の身の回りのことを自分で行なおうとする自立的行動が見られるようになる。生活や遊び

の中で自分の意思に基づいて行動する際、自己を意識すると同時に、大人からの禁止や制約に対して抵抗を示すようになる。これが第一次反抗期で、自我の芽生えた幼児の自己主張と理解される。親への抵抗は、自己を表現する能力、つまり、社会性の発達の過程なのである。

また、保育所などでの生活体験を通じて、子どもの社会性の発達は急速に育まれる。それまでの大人との縦の関係から、仲間という横の関係が増える。

年齢や発達状況が近く対等な子ども同士の関係の中では、互いの意思のぶつかり合いが生じる。自分の気持ちを主張することで相手に理解してもらえることだけでなく、相手にも主張があり、状況に応じて自分の気持ちや欲求を抑えたり、遅らせたりする必要があることを学ぶ。つまり、言語による自己の内面の表出（自己主張）と、状況に応じた自己の抑制（自己抑制）を学んでいく。

このような、自分の行動や感情を自律的に調節する働きが「自己調整能力」で、幼児期に急速に発達する。「自己主張」は3〜4歳頃までに大きな伸びが見られ、その後は頭打ちになるが、「自己抑制」は3〜6歳頃まで一貫して増加し続けるという（柏木、1988）。

また、ものを取り合う場面で「順番に使う」など、相手の欲求も考慮しながら自己主張するような方略が5歳児において増加することも明らかになっている（長濱ら、2011）。

▶4 向社会的行動の発達

向社会的行動とは、苦しんでいる人を助けたい、人のためになることをしたいなど、他者の利益に貢献しようとしてなされる自発的動機に基づいた行動をいう。例えば、自分が使っている玩具を友だちに貸すような行動をさす。

1〜2歳頃の子どもが、泣いている他者を慰めるようなことができたり、大人から支持されなくてもよく手伝いをしたりするようになること

が知られている。3歳頃には、他者の視点に立ち、他者の感情や考えを推論する能力（役割取得能力）が発達し始め、5〜6歳頃になると他者の置かれた状況を的確に判断し、効果的な向社会的行動を行なえるようになる。これらの能力が発達していくためには、仲間との相互作用の経験が欠かせない。仲間との関わり合いの中では、ぶつかり合ったり、協力して遊んだりする。こうした経験から、相手の立場や気持ちを考えることが関係を維持するために必要であることを学び、円滑な人間関係を構築することができるようになっていく。

▶ 5　道徳性の発達

　道徳とは、社会にある守らなければならない規範の中でも、特に善悪判断や公正さの基準になるものである。「道徳性」とは、この善悪判断や公正さに対する個人の関わり方のことである。
　ピアジェ（Piaget, Jean 1896〜1980）は、子どもたちの善悪判断について、下のような短い物語を聞かせるという方法で研究した。

①男の子はお母さんの手伝いをしていて、誤ってお皿を割ってしまった。たくさんのお皿が割れた。
②男の子は台所で遊んではいけないと言われていた。しかし、お母さんの留守中に台所で遊んでいて、お皿を割ってしまった。1枚のお皿が割れた。

　①と②の「どちらの方が悪いと思うか、それはなぜか」と尋ねると、8〜9歳を境に、結果論的な判断（結果の大きさに着目して①の方が悪いと思う）から、動機論的な判断（行為の意図に着目して②の方が悪いと思う）に移行することを見出した。ピアジェは、子どもの道徳判断の発達的変化の背景には、認知的な発達があると考えている。
　幼児は、大人が示すルールが絶対的なものと捉えるため、ルールを破ったときの見た目の結果が大きいほど大人の言いつけに背くことになり、より悪いと判断する。

しかし、子どもが対等な仲間との協同経験を重ねていくと、大人を全体的な存在とする考え方から脱し、ルールとは絶対的なものではなく、仲間との行動関係を支えるためのものと認識するようになる。また、ルールの理解や嘘についての道徳的な判断の実験でも、道徳性は他律的なものから自律的なものに発達すると考えられる。

第3節 »»» 社会情動的スキルの発達

▶1 社会情動的スキル（非認知能力）とは

　幼児期に育むべき力として、OECD（経済協力開発機構）などが提唱しているのが、「社会情動的スキル」や「非認知能力」と呼ばれるものである。「保育所保育指針」（平成29〔2017〕年告示）でも、「育みたい資質能力」として明記されている。つまり、「心情、意欲、態度が育つ中で、よりよい生活を営もうとする『学びに向かう力、人間性等』」である。これは「知識及び技能の基礎」や「思考力、判断力、表現力等の基礎」と同じく保育の柱とされた。

　OECDの報告によれば、「社会情動的スキル」とは（a）一貫した思考・感情・行動のパターンに発現し、（b）フォーマルまたはインフォーマルな学習体験によって発達させることができ、（c）個人の一生を通じて社会経済的成果に重要な影響を与えるような個人の能力、とされている（OECD、2018）。

　また、ヘックマン（Heckman, James J. 1944～　）は、非認知能力を、肉体的・精神的健康、根気強さ、注意深さ、意欲、自信、長期的計画を実行する能力、他人との協働に必要な社会的・感情的制御といった社会的・情動的性質としている。そして、幼児期にこれらの能力を伸ばすことが、成人してからの仕事などの成功、高収入に結びついていることを

見出し、非認知能力がいかに重要であるかを指摘している。また、幼少期の環境を豊かにすることが、認知的能力と非認知能力の両方に影響を与え、学業や働きぶりや社会的行動に肯定的な結果をもたらすことを示した（ヘックマン、2015）。

　つまり、社会情動的スキルは、認知的能力と補い合う中で育ち、対人関係スキルのみならず、諦（あきら）めずにやり遂げる力や忍耐強さなど、課題遂行に向けての意欲に関わる側面も含むものであるといえよう。

▶ 2　社会情動的スキル（非認知能力）の発達

　社会情動的スキル（非認知能力）は、これまで本人の気質や性格によると考えられがちであった。しかし、現在はこれを「スキル」と捉え、具体的な支援を通してその能力を高めることができるもの、つまり、教育の可能性を強調している。では、社会情動的スキルの発達を促すにはどうすればよいのだろうか。

　1つめは、子どもの好奇心を刺激したり、興味・関心をもったりするような仕掛け、環境が大切である。子どもはおもしろい、やってみたいと思うと熱中し、工夫（くふう）したり、粘（ねば）り強く取り組んだり、挑戦したりする。その結果、うまくいくと自信になり、次への意欲へとつながっていく。

　2つめは、関わる大人が対話を通して、子どもの発想を豊かにしたり、考えを深めたりすることである。一方的に言葉で提示するだけでは対話にならず、子どもの深い思考を引き出すことは難しい。子どもの「なぜ？」「どうして？」を大切に、意欲を引き出し、発想を広げる声かけが大切である。

　3つめは、社会情動的スキルは、日常生活の様々な関わりの中で時間をかけて身につき、また、認知能力と絡み合うように伸びるものという理解が重要である。したがって、社会情動的スキルだけを単独に伸ばそうとするのではなく、認知、情動、社会性などを含めた成長全体として捉え、育成することが大切である。

【引用・参考文献】

柏木惠子『幼児期における「自己」の発達－行動の自己制御機能を中心に』 東京大学出版会、1988年

経済協力開発機構（OECD）編著、ベネッセ教育総合研究所企画・製作、武藤隆・秋田喜代美監訳、荒巻美佐子・都村聞人・木村治生・高岡純子・真田美恵子・持田聖子訳『社会情動的スキル－学びに向かう力』(Skills for Social Progress: The Power of Social and Emotional Skills) 明石書店、2018年

ジェームズ・J・ヘックマン著、古草 秀子訳 『幼児教育の経済学』(James J. Heckman "Giving Kids a Fair Chance") 東洋経済新報社、2015年

園原太郎 『認知の発達』培風館、1980年

長濱成未、高井直美、「物の取り合い場面における幼児の意自己調整機能の発達」『発達心理学研究』22、2011年、pp.251-260

ピアジェ 著、大伴茂訳『児童道徳判断の発達（臨床児童心理学Ⅲ)』(Le jugement moral chez l'enfant) 同文書院、1954年

Amsterdam, B," Mirror self‐image reactions before age two" Developmental Psychology 5、pp.297-305、1972年

Gallup GG Jr " Self-recognition in primates: a comparative approach to the bidirectional properties of consciousness." Amerian Psychologist 32、pp.329–338、1977年

Goren, C.C., Sarty, M. & Wu, P.Y.K. "Visual Following and pattern Discrimination of Face-like Stimuli by Newborn Infants." PEDIATRICS 56, pp.544-549、1975年

Lewis, M. & Brooks-Gunn, J. Social cognition and the acquisition of self. New York, Plenum Press 1979年

（中村麻衣子）

第**10**章

子どもの言語・コミュニケーションの発達

第**1**節 »»» 乳幼児のコミュニケーション

► 1 コミュニケーションとは

　あなたは乳児を抱き上げ、微笑みかけたことはあるだろうか。そして、乳児から微笑まれ、「気持ちが通じている」と感じたことはあるだろうか。見つめ合うことやスキンシップにより、愛情が伝わる。

　コミュニケーションには、このような視線、表情、口調や声のトーン、スキンシップ、しぐさなど様々な行動を含めた「非言語的（non verbal）コミュニケーション」と、言葉を介した「言語的（verbal）コミュニケーション」とが含まれる。

　コミュニケーションは、生物（ある個体と他の個体と）が情報伝達や意志疎通を行なうことである。動物の鳴き声は多様であり、また、お互いに毛づくろいしたり、ものに匂いをつけたり、毛を逆立てたりといった、様々な行動がみられる。それら鳴き声や行動により、求愛・親愛の気持ちや外敵の接近を仲間に伝える、自分の縄張りを主張するなど、多くの情報が伝達される。

　鳴き声など音声を用いたコミュニケーションは多くの動物にみられるが、人は複雑な内容の「言葉」を聞き・話し、「文字」を読み・書くことができる「言語的コミュニケーション」が特に発達した種といえる。

▶ 2 コミュニケーションの発達

(1) 乳児の前言語期のコミュニケーション

　言語を獲得する前の時期（前言語期）の乳児も、様々な形で周囲の人とコミュニケーションをとっている。乳児は母乳を飲む時、一気に飲むのではなく、吸啜（きゅうてつ）と吸啜の間に休みをとる。母親はこれを見て、乳児の頬を軽くつついたり哺乳瓶を揺らしたりする。乳児は、それが合図であるように、吸啜を再開する。また、養育者からの声かけのリズムに合わせて手足を動かしたり（同調行動）、声を出したり、表情を変えたりなど、身体全体で反応する。大人が口をすぼめると、それを見た乳児も口をすぼめるなど、乳児は大人の表情をまねる（「新生児模倣」）。

　これらは乳児と周囲の人との非言語的コミュニケーションである。

(2) 言葉の芽生え ── 泣き（叫喚）・クーイング・喃語

　生後0〜2か月頃の乳児の泣きの多くは、空腹やおむつが濡れて不快な時など、反射的な泣き（叫喚（きょうかん））である。養育者は「どうしたの？」「お腹すいた？」などと声をかけ、ミルクをあげオムツを替えるなどの世話をする。そのようなやりとりの中で、乳児は「泣いた時に来てくれるのは人という存在だ」と気づき、人に向かって声を発するようになる。

　2〜3か月頃から、子どもは「アー」「クー」といった一つの音節からなる声を発する。これを「クーイング（cooing）」という。クーイングは、快状態で人と関わっている時に人の声に反応して出ることが多い。4〜6か月頃には、高い声や低い声など様々な声を発し、自分の声を自分で聞きながら発声を試しているようで、「音遊びの段階」と言われる。

　6か月以降に、「アーウー」「バーバー」といった、言葉に似た音声を発するようになり、これを「喃語（なんご）（babbling）」（詳しくは「規準喃語（canonical babbling）」）という。「ババババ」など子音・母音の連続である「重複喃語」、続いて「バビダブ」というように様々な子音と母音の音節パターンの連続である「多様喃語」が現れる。10か月頃には、抑揚も

ついて何かを話しているような長い喃語（「会話様喃語（jargon）」）も現れる。喃語はしっかりとした単語の発音にはなっていないが、養育者には乳児が何を指しているのかを、およそ理解できることもある。

(3) 言語理解から言語産出（初語・始語）

乳児は生後半年頃から、養育者が例えば厳しい口調で「ダメ」と言うと、その感情を聞き分ける。10 か月頃には「ダメ」「いけません」と言われると手を引っ込め、言葉の意味を理解できている様子がうかがえる。初期に理解できる言葉は、「ママ（母）」「マンマ（ご飯）」などの名詞や「バイバイ」など生活の中で繰り返し接する言葉が多い。1 歳頃から「おいで」「ねんね」など動作の言葉も理解できるようになる。

発語（言語産出）の面では、生後半年頃からの喃語に続き、はっきりした意味ある言葉（初語・始語）は、満 1 歳頃（時期に個人差はあるが、およそ生後 10 か月〜 15 か月頃）から発せられることが多い。

理解語が 50 語に達するのは 10 〜 15 か月、産出語が 50 語に達するのは 15 〜 21 か月である（小椋、2017）。「ママ」など人、「マンマ」など食べ物、「ワンワン」など動物、「オクチ（口）」など身体部位、「クック（靴）」「ブーブー（車）」など身近なもの、また、「バイバイ」「（イナイイナイ）バー」「ネンネ」「（ものをわたす時の）ハイ」「アイタ（痛い）」など、日々の生活で繰り返し触れる言葉を理解・産出することが多い。

(4) 二語文から多語文 ── 語彙の増加

1 歳後半〜 2 歳にかけて「ママ、だっこ」「イチゴ、すき」など、二つの単語を重ねた言葉「二語文」を使い始める。また、2 〜 3 歳にかけて、「パパ、カイシャ、イッタ」など、3 つ以上の言葉を重ねて話す「多語文」も現れる。初語が現れても 1 歳半頃までは、語彙数はあまり増えず、「潜伏期」とも呼ばれる。1 歳後半〜 2 歳頃の子どもが「これナニ？」としきりに尋ねる時期（「命名期」）に、語彙は爆発的に増加する（Vocabularly spurt）。2 歳で 200 〜 300 語、3 歳では 1000 語程度を表出する。2 歳半頃までに動詞・形容詞・副詞など、3 歳頃には助詞も獲

得され、日常的な言葉のやり取りが可能となる。「おばあちゃんいない
から、ないちゃった」と、理由の接続関係で文を結ぶこともある。就学
前には、発話語約 2000 語、理解語約 6000 語まで増加する。

　構音でみると、1 歳頃は「マ・バ・ハ行」、2 歳頃に「ナ・ワ行」、以
後はおおむね「タ・ダ・ヤ行」「カ・ガ行」「シャ・ジャ行」「サ・ザ・
ラ行」の順に身につけ、6 歳頃までにほぼ全ての音を発声できる。

第2節 »»» 養育者の役割と言語の発達

▶ 1　養育者の役割

(1)「応答」と「マザリーズ」

　乳児は生まれながらに笑うような表情をすること（生理的微笑）があ
り、2〜3 か月頃には周囲の大人の声やあやしかけに反応して微笑む（社
会的微笑）。その時、大人があやすのをやめて顔を無表情にすると、子ど
もは情緒が不安定になり、眉（まゆ）をしかめ唇（くちびる）をかんだりする。養育者は、
乳児の発声に対して笑顔であやすなど、「応答」することが望ましい。
応答で、乳児も安心して養育者に笑いかけ、生後半年頃には特定の養育
者を理解し、その人に笑いかけるようになる（選択的微笑）。

　また、乳児に話しかける時、養育者は乳児が聞き取りやすいように、
短い言葉で、やや高い声で、ゆっくりしたテンポで抑揚と変化をはっき
りつけながら話しかける。これを「マザリーズ（motherese）」という。
養育者と乳児が身体の動きを同調させ、乳児の発声を養育者が真似して
返しながら「うたう」ようなやりとりを繰り返す。このように、コミュ
ニケーションは、実用的な欲求充足や情報伝達の手段である前に、「気
持ちを共有できる幸せな関係性」や「人に伝えたい・人と分かち合いた
い気持ち」から生まれることを理解しておきたい。

(2)「指差し」と「共同注意」

　「子どもと養育者が見つめ合う」場合は、自分と他者の2人の関係であり、これを「二項関係」と呼ぶ。また、生後9～10か月頃以降には、例えば養育者が犬を「指さし (pointing)」して「ワンワンだね」と子どもに声をかけると、子どもも犬を見るので、結果として子どもと養育者が、犬という同じものを見る場面が生じる。この「子ども（自分）と養育者（他者）が同じもの（対象）に注意を向ける」状態を「共同注意 (joint attention)」という。子どもにとっては、「自分・他者・対象（もの)」の3者間のやり取りであるので、「三項関係」と呼ぶ（**図表 10-1**)。

　「指差し」には2種類ある。「大人がものを指差して、子どもも同じものに注意を向けること」を、「子どもに見てほしいという大人の意図を子どもが理解している」という意味で「指差しの理解」という。一方、「子どもが大人に一緒に見てほしいものに指差しする」ことを「指差しの表出」という。例えば、子どもが犬を指差して養育者の顔を見た時、子どもは「犬を見てうれしい」という自分の感動を養育者に伝えており、これは「原叙述の指差し」の表出である。また、子どもが自分の手では届かない何かを指差して大人の顔を見る時、子どもは「あの何かを取って」という気持ちを表す。これは「要求・原命令の指差し」である。

　子どもと養育者が犬を見た時、養育者が「ワンワンいたね」などと声

図表 10-1　「二項関係」(左) と「三項関係」(右)

（著者作成）

をかけることが重要である。この声かけにより、子どもは「犬」という対象を「ワンワン」という言葉と結びつけて理解し、こうしたやり取りの繰り返しから対象を表す「シンボル」としての言葉が増えるのである。

► 2 言語の発達

(1)「外言：コミュニケーションの道具」から「内言：思考の道具」へ

ヴィゴツキー（Vygotsky,L.S. 1896～1934）は、発達初期の言葉は音声を通して外部の他者に伝達するコミュニケーションの機能を有するという意味で「外言」と呼び、その後に現れる思考の道具としての「内言」と、区別した。発達的にはまず、コミュニケーションのための「外言」が現れ、次第に外言と内言が分化していく。その過渡期である3～4歳頃に「独り言：自己中心的言語」が出現する。

ルリア（Luria,A.R. 1902～77）は実験で、「赤ランプが点いたらバルブを押し、青ランプなら押さない」という課題を幼児に行なわせた。4歳児は、色に合わせて「押せ」「押すな」と声に出しながら課題をこなすと、正解率が上がった。これは発声（独り言）により不適切な反応を抑制し、行動をコントロールする「実行機能（executive function）」が有効に働いたことを意味する。また、5歳児に発声させると（声を出すことに気をとられ）、正解率が下がり、黙って課題をこなすと正解率が上がった。この結果から、4歳頃が、外言から内言による行動コントロールの移行期にあたること、5歳以降は、内言により無言で思考や行動の調整が可能となることがわかる。

(4) 文字との出会い ── 「読み」「書き」能力（literacy）の発達

日本の7割以上の家庭で0～1歳代に絵本の読み聞かせを始める（秋田ら、1998）。養育者は「ほら！」と絵に子どもの注意を向け、「これなに？」と事物の名前を尋ねる。子どもの反応を見ながら、例えば「ゾウさんね」と名前を教え、「動物園でゾウさん見たね」と子どもの経験と結びつけ、「大きかったね」と感想を交えながら話しかける。

　言葉の理解時、言葉が含む「音」を単位に分割して認識する「音韻的意識（phonological awareness）」も発達する。例えば「りんご」と聞いた時、物理的には連続音だが、その「音韻」を分解し、「/ri/、/n/、/go/という 3 つの音節からなる言葉だ」と理解できることが「りんご」の意味の理解には必要である。「しりとり」遊びなどは、幼児が「音韻」に意識を向け、楽しく言葉を覚えるきっかけとなる。また、「文字と音の対応（decoding）」、例えば「り」という字は、/ri/ という「音を意味する」と理解できることも「読み」には必要である。「言葉絵カード」などを使い、声に出して「音」として読み上げることも読みの理解を促す。

　幼児にとっては「文字を書く」ことが、絵とは異なる「表現・コミュニケーションの手段」だと理解することも重要である。幼児に物語を聞かせ、「園長先生に聞いた内容を教えるお手紙を書く」という活動研究がある（田中ら、2004）。年少児では、その 6 割が絵を描くのみだったが、4 割は絵・記号・擬似文字・かな文字などを交じえて書き、「文字」が意味を表すコミュニケーションの手段であることを理解し始めていた。そして年中児では、ひらがなや疑似文字を書く子どもが増え、年長児の多くは、ひらがなを書けていた。

　読み書きの習得は個人差が大きい。ひらがな（清音・撥音・濁音・半濁音の計 71 字）の読字率は、幼児期の 4 〜 5 歳にかけて上昇し、5 歳 10 か月児では平均して 90％以上のひらがなを読めたという（島村ら、1994）。

　また書字では、71 字の字形と筆順を正しく書いた子の割合は、5 歳 9 か月で 50％を超えた。幼児期には左右反対の「鏡文字」、「ね」と「れ」など形の似た字の誤り、助詞の誤り（主語の後の「は」を「わ」、目的語の後の「を」を「お」と書く）などがみられるが、小学校 1・2 年頃までには正確に弁別し、習得する。幼児の「読み」は、女児が男児より先行する場合が多いが、小学 1 年の 9 月頃には読み書きの性差はほとんどなくなる。

　文を話せるようになった子どもは「きのう、○○食べたの」と、自分

88

の過去の経験を養育者に報告し、誰かを主人公とした物語や空想などを話すこともある。

　養育者は子どもの話を聞き、「よかったね」と共感し、「それからどうしたの？」と聞いて子どもの発話を促す。養育者の存在が子どもの言語の発達を促進し、ひいては思考の発達にもつながるのである。

【引用・参考文献】

秋田喜代美『読書の発達心理学──子どもの発達と読書環境』国土社、1998年

岩立志津夫・小椋たみ子編『よくわかる言語発達　改定新版』（やわらかアカデミズム・わかるシリーズ）ミネルヴァ書房、2017年

荻野美佐子「コミュニケーションの生涯発達」『放送大学大学院文化科学研究所発達心理学特論』放送大学教育振興会、2015年

子安増生編『よくわかる認知発達とその支援　第2版』（やわらかアカデミズム・わかるシリーズ）ミネルヴァ書房、2016年

島村直己・三上廣子「幼児のひらがなの修得－国立国語研究所の1967年の調査との比較を通して」『教育心理学研究』42、1994年 pp.70－76

田中裕美子・兵頭明和・菊池義信・下泉秀夫「言語発達障害児の学習の問題を早期に予防するコンピューター指導法の効果の研究-平成15年度研究実績報告書」『文部科学省科学研究基盤B研究報告書』、2004年

無藤隆、岡本祐子、大坪治彦『よくわかる発達心理学　第2版』（やわらかアカデミズム・わかるシリーズ）ミネルヴァ書房、2009年

山口真美・金沢創編著『改訂版　乳幼児心理学』放送大学教育振興会、2016年

やまだようこ『ことばの前のことば-うたうコミュニケーション』（やまだようこ著作集第1巻）新曜社、2010年

臨床発達心理士認定運営機構監修、秦野悦子・高橋登編著『言語発達とその支援』（講座・臨床発達心理学5巻）ミネルヴァ書房、2017年

ルリア、A.R.、松野豊・関口昇訳「言語と精神発達」明治図書出版、1966年

（尾辻俊昭）

第**11**章
子どもの認知発達

第**1**節 »»» 子どもの認知発達

► 1　認知発達とは

　認知とは、視覚や聴覚等の感覚を通して知覚された対象を、脳神経系の働きによって情報として処理し、理解していくプロセスをいう。

　例えば、最初、乳児はよくわからずにガラガラを握り、音を知覚しているが、この経験が繰り返されると、次第に「あれ？音が鳴っているのはこれ？」と理解するようになる。この理解が認知である。

　脳の発達に伴って、「いつも握っているもの＝音が鳴るもの」という随伴性を発見し、それが知識となって蓄積されていく。この知識の蓄積が記憶であり、知識が保存されていることで、新しい学習や複雑な思考ができるようになる。

　大人は、犬のぬいぐるみを洗濯機で洗うことに抵抗はないだろう。しかし子どもは、ぬいぐるみが洗濯機の中で雑に洗われていると、心から悲しむかもしれない。子どもは、無生命のものにも生命が宿っていると理解する「アニミズム（animism）」の世界にいる時期がある。

　著しい認知発達の中にいる子どもは、大人と異なった思考や感受性を有する時期があり、その理解なくしては、子どもの発達に寄り添った保育を行なうことは、とうてい不可能である。子どもが見ている世界に入り込み、その感情に共鳴しながら、子ども一人ひとりの発達を理解することは、保育の専門家として重要な視点のひとつである。

▶ 2　ピアジェの発生的認識論

(1)「同化」と「調節」

　認知発達の理論で最も有名なのは、スイスの心理学者ピアジェ（Piaget,J.1896 ～ 1990）である。ピアジェは、知的操作の発達段階として、4つの段階を設定した（**図表 11-1**）。

　ピアジェのいう知的操作とは、子どもが外的環境に働きかけ、その対象を分類したり、対応づけたりしていく過程を指す。この過程の基本にあるのが、「同化（assimilation）」と「調節（accommodation）」である。

　例えば0歳児は、感覚や運動を通して外界を知っていく。この経験から得た知識の枠組みのことを「シェマ（schema）」といい、認知構造の基本単位となる。

　既存のシェマをもって、外的環境の刺激や情報を理解（内的構造に統合）していくことを「同化」という。「同化」には、「調節」という過程が必須である。

　「調節」とは、外的環境や状況によってシェマを調整していくことである。例えば、既存のシェマが外的環境の刺激や情報と一致しない場合、

図表 11-1　ピアジェの認知発達

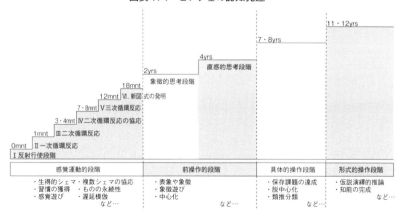

（筆者作成）

認知のシステムに不均衡が生じ、矛盾が起こる。そのため、新たなシェマ形成したり、既存のシェマを変更しながら、均衡を保っていく。この過程が「調節」である。不均衡から均衡に移行する過程は「均衡化」という言葉で説明される。

　「同化」のない「調節」はなく、「調節」のない「同化」もない。同化も調節も両者が相互に働き合いながら一つのシステムとして機能しているからである（白井、2007）。

　このように、知識が構造化されながら知的活動が行なわれていくため、知識構造の変化が発達だということになる。そのため、ピアジェの考え方は「構成的構造主義」といわれる（佐藤、1992）。

（2）感覚運動的段階

　新生児や乳児は、視覚や聴覚、皮膚感覚や味覚、嗅覚などの感覚から得た刺激や原始反射などの身体運動を通して、外界を知っていく。つまり、身体運動は認知発達と大きく関連しており、これが知識構造をつくっていく始まりとなる。

　例えばガラガラも、はじめは把握反射で握っていても、次第に自発的に握ろうとし、同じ動作を繰り返すようになる（握るシェマの形成）。その後、握るだけではなく口に入れてその形を確かめようとしたり、目の前に持ってきてじっと見つめたりする（握るシェマと見るシェマの協応）。初期の反射的運動によってシェマが形成され、知的構造の土台が形づくられていく。そして、外的環境への興味が生まれ、行動と意図が結びつく。その結果、子どもの外界への探索行動は著しく広がり、知的好奇心も高まっていく。

　またこの時期に、「対象の永続性」という概念を獲得する。つまり、「見えなければない」という理解から、「見えなくなってもそこにある」と理解できるようになる。この時期の子どもが「いないいないばあ」を喜ぶ理由は、この発達と関連している。

(3) 前操作的段階（象徴的思考段階と直感的思考段階）

［象徴的思考段階］：感覚や運動など空間的・時間的にダイレクトな活動によって外界を理解していたのが、2歳前後になると、空間的に遠いものや時間を超えたものでも、頭の中で「表象（representation）」できるようになる。つまり、目の前にないものでも、頭の中で再現したり思考できるようになる。この表象の最初の現れが「遅延模倣（deferred imitation）」である。

また、この時期の重要な思考に「象徴（symbol）」がある。例えば、ブロックを車に見立てて遊ぶ際、頭の中で「車」を思い浮かべながら目の前のブロックに「車」を当てはめる（意味づけする）必要がある。ブロックと車の間には思考が生じており、対象を象徴を用いて考えられるようになることを意味する。

［直感的思考段階］：直感的思考段階にある子どもは、「自分が見ている世界をみんなも見ている」と主観的な見方をする「自己中心性」と、見た目や直感から判断する「中心化」が特徴的である。

中心化で有名な課題が、保存課題である（**図表11-2**）。

(4) 具体的操作段階

直感的思考段階で見られた「中心化」は、次第に「脱中心化」を迎える。保存課題では、①移し替えるとき水の増減をせず、②元の容器に戻せば同じで、③移し替えた容器の形が変わっただけ、と客観的で論理的な思考が可能になる。つまり、容器の高さや幅など見た目の知覚にとら

図表 11-2　保存課題

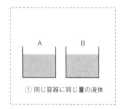
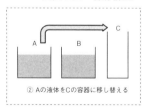
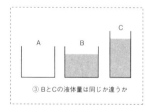

① 同じ容器に同じ量の液体　② Aの液体をCの容器に移し替える　③ BとCの液体量は同じか違うか

（筆者作成）

われず、複数の視点で客観的・論理的に考えられるようになる。

(5) 形式的操作段階

　11 〜 12 歳頃になると、仮説・演繹的推論や命題的思考が可能になる形式的操作段階に入る。ピアジェは、知的発達は感情や道徳、社会的規範とも関連しながら形成されていくと考えている。つまりこの段階は、人格形成という大きな発達も含んでいる。感情は原動力や目標を生み出し、遊びの中にある興味・関心から、価値が生まれていく。知性と感情は切り離すことのできない関係であると、ピアジェはいう。

　保育士は、この視点を忘れずに、子ども一人ひとりに寄り添った保育を行なうことが大切である。

▶ 3　ヴィゴツキーの発達理論

　ヴィゴツキー（Vygotzky,L.S. 1896 〜 1934）は、子どもは周りの人との関わりや社会的状況を通して発達していくという考えをもち、「文化的発達」という言葉で表現した。

　例えば、乳児は素手で食べ物をつかみ直接口に運んで食べるが、親が使っているスプーンという道具を知ると、真似して使うようになる。子どもの発達には大人の関わりが大切で、「発達の最近接領域」への働きかけは、保育において重要な視点である。

　また、ヴィゴツキーは、「言語」という道具を用いながら子どもは認知を発達させていくと考えた。

　道具としての「言語」を、①他者と情報を共有・伝達するための「外言」と、②思考のための道具的な機能をもつ「内言」に分け、特に「内言」は思考の発達において重要視する。乳児は、頭の中で考えている全ての言葉が外に出ており、内言は存在しないが、発達と共に思考の道具として機能するようになる。内言を積極的に表出していく大人の支えが、子どもの認知発達を促すのである。

第2節 »»» 記憶の発達

► 1 記憶の発達を理解した保育

「きょう、せんせいが、えほんよんでくれた！」

　この言葉からは、今ではない、「今日経験した出来事」を忘れずに覚えているということが分かる。もしこのことを子どもが楽しそうに言っていたなら、絵本の読み聞かせがポジティブな感情体験だったことも分かるだろう。覚えること、思い出すことは、記憶の働きによるもので、絶えず機能し続けている認知機能のひとつである。記憶は、一瞬一瞬の学びを刻み続け、人としての「らしさ」をも形成していく。

► 2 記憶のメカニズム

　記憶はどのようなプロセスを経て思い出したり定着したりするのだろうか。そのプロセスは、「符号化（encoding）」、「貯蔵（storage）」、「検索（retrieval）」の3つの流れがある。また記憶は、**図表 11-3** のように分類できる。

　短期記憶の容量や保持時間は限られているが、複雑で多様な認知的活動を支える「ワーキングメモリ（作業記憶）」が重要な働きを行なっている。例えば、子どもが運動会の日を思い出して絵を描こうとするとき、過去の記憶を呼び起こし、「運動会の絵を描く」という目的を保持しな

図表 11-3　スクワイアの記憶分類

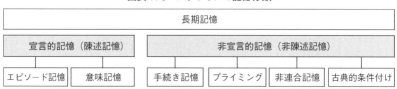

（筆者作成）

がら、絵を完成させる。

短期記憶は、長期記憶の中にある記憶を取り出していったん保持する機能もあれば、運動会等の絵を描くという目的や、それを完成させるために必要な情報を一時的に保持しながら作業する機能もある。この機能を担っているのが「ワーキングメモリ」であり、「中央実行系（central executive）」と呼ばれるシステムが中心となって、全体の働きをコントロールしている（Baddely, 2000）。

▶3　幼児期健忘

あなたは、何歳までの記憶を思い出すことができるだろうか。遠い昔になればなるほど思い出すのは困難になるが、おそらく生まれたときの記憶や乳児期の記憶をもっている人は少ないだろう。

3歳以前の記憶が見当たらないというのは、「幼児期健忘（infantile amnesia）」が原因である。記憶の符号化や保持が適切にされていない結果とする説や、乳児期の著しい脳発達によるニューロンネットワークの機能分化や統合などによって、記憶されていたものが巻き込まれて探せなくなってしまった結果とする説もある。幼児期健忘は、ネガティブな現象ではなく、発達の証と言える、この時期に特徴的な姿なのである。

▶4　子どもの思いを受容した保育者の関わり

「うんどうかい、たのしかった！」──子どもからのこの言葉に、あなたは保育士として、何と返答するだろうか。

「そうだね、楽しかったね！じゃあ、片付けしてね」と返すのと、「そうだね！おゆうぎ楽しかった？」と返答するのとでは大きな違いがある。

過去を想起している子どもの話を受容し、内容をさらに広げてやる応答のあり方は、その後の記憶発達に影響を与えることがわかっている。保育士は、記憶の中にある豊かだった経験についても、「今」の子どもの姿と同じくらい受容し、丁寧な応答をしていくことが大切である。

96

【引用・参考文献】

児玉珠美「0歳児におけるマザリーズの効果に関する一考察」『名古屋女子大学紀要』61、2015年、pp.261-270

佐藤公治「発達と学修の社会的相互作用論（1）」『北海道大學教育學部紀要』59、1992年、pp.23-44

白井桂一著『ジャン・ピアジェ——21世紀への知』西田書店、2007年

松田隆夫編『心理学概説—心と行動の理解』培風館、2003年

山口真美・金沢創編集『知覚・認知の発達心理学入門——実験で探る乳児の認識世界』北大路書房、2008年

A. D. Baddely. The episodic buffer: A new componentsof working memory? The trends in cognitive Sciences, 4, 2000, pp.417-423

（川口めぐみ）

第12章

子どもの学びに関わる理論

第1節 »»» 心理学における「学習」の意味

▶ 1 心理学的な定義

　「学習」ときくと、学校教育のイメージが強いこともあり、多くの場合、机の上で何か書いたり、本を読んだりする行為、つまり「勉強」を想像するかもしれない。

　しかし、心理学における「学習」とは、それとは少し違う。すなわち、「経験による比較的永続的な行動の変容」と、定義される。意図的な活動はもちろん、本人の意思とは無関係に行なわれる「非意図的学習」も含む幅広い概念である。

▶ 2 学習理論の可能性

　つまり、私たちの生活のほとんどが「学習」されたものであることに気づくはずである。基本的生活習慣はもとより、読み書き、話し方、特技、好みや価値観など、「その人らしさ」を形づくっている人格的な特性も、すべて"学習成果"といえるだろう。

　それゆえ、代表的な学習理論について学び、そのもととなった実験結果等について理解することは、保育現場において、子どもの行為を適切に捉え、より良い行動形成を進める上で、大いに意味があるといえる。その代表的なものを紹介したい。

第**2**節 »»» 条件づけ学習

▶ 1　古典的（レスポンデント）条件づけ

　学習を、環境や刺激（Stimulus）とそれに対する反応（Response）の結びつきから考える学説を「連合（S-R）説」という。例えば「梅干し」「レモン」と聞くと、私たちの多くは酸味や味わいを想起し、思わず唾液が出てくる。実際にそれらが口に入っていないのに、言葉だけで唾液の分泌が起きるのは、不思議である。これを学習理論では、「条件刺激」による「条件反応」が生じていると考える。

　ロシアの生理学者パブロフ（Pavlov,I.P. 1849 ～ 1936）は、こうした影響関係について、犬の実験（**図表 12-1**）で詳しく調べた（Pavlov, 1927）。

　まずエサを与えると、犬は唾液を出す。これは生理的に生じるもので、「無条件反応」という。次にエサを与えた直後に、必ず音（音叉やベルなど）を聞かせる。音は、唾液分泌とは無関連な刺激である。だが、エサと同時に繰り返されていくと、犬は、（エサがなくても）音を聞くだけで唾液を出すようになる。

図表12-1　古典的条件づけの実験場面

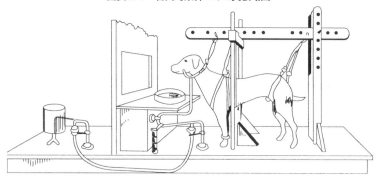

出典［石田、1995］を基に筆者作成

　これは、音が唾液を分泌させる条件刺激となり、唾液分泌が条件反応として学習されたと考えられる。一度学習された条件反応は、例えば音を鳴らしてもエサを与えないことを繰り返すと、徐々に唾液分泌がなくなる（「消去」）。だが、消去後であっても、休憩をおいて再び条件刺激を与えると、条件反応が復活する（「自発的回復」）。

　以上の学習の仕組みのことを、「古典的（レスポンデント）条件づけ」とよぶ。

　例えば、子どもが苦手な刺激（音、味、匂い、見た目、触感等）は、過去の嫌な経験（不安・恐怖やけが、嘔吐等）と結びついた条件刺激となり、条件反応（嫌悪・拒絶）として学習されたものかもしれない。

　その場合、苦手な刺激にふれたとしても、安心感や快感情を繰り返し経験すれば、新たな条件づけが生じ（再学習）、克服できる可能性が考えられる。実際に不安・恐怖症等の治療に用いられる行動療法の一つである「系統的脱感作法」は、この原理に基づいたものである。

▶ 2　オペラント（道具的）条件づけ

　何か悪いことをして、養育者などに厳しく叱られた子どもは、それ以降しないよう気をつける。逆に褒められて嬉しくなると手伝いなどを進

図表12-2　オペラント条件づけの実験場面

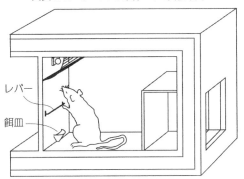

レバー

餌皿

出典［石田、1995］を基に筆者作成

んでやるようになる。こうした行動の学習メカニズムについて、アメリカの心理学者スキナー（Skinner, B.F. 1904 ～ 1990）は、動物の実験装置を作り（**図表 12-2**）、詳しく調べた（Skinner, 1938）。

まず、空腹のネズミを箱の中に放す。ネズミはエサを求めて動き回り、何かのタイミングで箱の中のレバーに偶然ふれる。この箱はレバーを押せばエサが出てくる仕掛けになっている。ネズミはエサを食べるが、再び動き回る。するとまた偶然レバーにふれ、エサが出てくる。この一連の行動が繰り返されると、ネズミはレバーとエサの関係を学習する。やがてネズミは、自らエサを求めレバーを押すようになる。

この実験で興味深いのは、「レバーを押す」という、ネズミの習性にはない新しい行動が学習されたことである。さらに、ネズミは「自発的に」新しい行動を行なっている。それらの点が、先に紹介した「古典的（レスポンデント）条件づけ」とは、大きく異なっている。

スキナーは、このような学習メカニズムを「オペラント（道具的）条件づけ」と名づけた。なお、この実験におけるエサは、新しい行動を動機づけ、その学習を促進（強化）させる「強化子」という刺激である。

保育現場では、保育者が「褒めて伸ばす」ことで子どものやる気を高めたり、望ましい行動が達成されるとシールを貼ったりする。褒めやシール等は、子どもにとって強化子であり、望ましい行動の動機づけや定着を促す上で、有効である。

一方、子どもが望ましくない行動をした場合、一般的に、注意や罰を与えてやめさせようとする。だが、罰などの効果は限定的であり、かまってもらうことや、自分に注目が集まることが嬉しい子どもの場合、かえって望ましくない行動を強化する可能性も考えられる。

状況にもよるが、望ましくない行動をしなかった時や、望ましい行動が少しでも見られた場合に、褒めなどの強化子を与える方が、より効果的といえる。

▶ 3　着実な学習に向けて

　オペラント条件づけに基づき、より複雑な行動を学習する際に用いられる方法が、「シェーピング（行動形成）」である。

　最終的な目標達成に必要な手順を細かく分け（「スモールステップ化」）、着実に習得していく学習方法である。ポイントは、各ステップをクリアした際に確実に強化子を与え、それ以外の行動が出てきた場合は、一切与えないということである。それにより行動が着実に定着されやすい。

　シェーピングは、教育・療育現場等で望ましい行動を獲得させる際に用いられる「応用行動分析」にも生かされている。

第3節 ≫≫≫ 問題解決学習

▶ 1　「主体的・対話的で深い学び」へ

　「保育所保育指針」や「幼稚園教育要領」「幼保連携型認定こども園教育・保育要領」（以上平成 29〔2017〕年告示）では、子どもの思考力や自発的な学びの姿勢を引き出すことの重要性が指摘されている。

　そのような学びの手法として代表的なものが、「問題解決学習（PBL；Problem based Learning）」である。PBL は、答えが明らかではないような、より日常的で複雑な問題（保育場面でいえば「どうすれば多くの積木を安定して積むことができるか」「みんなで何屋さんごっこをするか」等）について、解決しながら学ぶ方法のことをいう。

　アメリカの教育学者デューイ（Dewey, J. 1859 ～ 1952）が提唱したもので、教師からの一方的な知識や技術等の教授ではなく、学習者自らが課題について問題意識をもち、仮説を立てたりしながら、調べたり検証したりする学習方法である。よって PBL においては、結果（答え）よりも、

解決過程にこそ、学びの本質がある。

► 2 試行錯誤学習

アメリカの心理学者ソーンダイク（Thorndike, E. L. 1874 ～ 1949）は、空腹の猫を「問題箱」という檻（おり）の中に閉じ込め、その檻の前にエサを置いた。そして、猫が檻から脱出できるのか、脱出までにどのような行動をとるのかなどについて調べた（Thorndike, 1898）。

第2節で述べたスキナーの箱と同様、この箱にも仕掛けがあり、中の紐（ひも）を引くと柵（さく）が開く。最初は柵の隙間（すきま）から脱出しようとしたり、引っかいたりと、脱出できないまま時間が過ぎていくが、何かの拍子に紐が身体に引っ掛かり、脱出できるという経験（問題解決）がもたらされる。

脱出できた猫をまた箱に閉じ込め、再び脱出させる経験を繰り返すと、脱出までの時間が徐々に短くなる。つまり、様々な失敗や偶然の経験が、問題解決への効率的な学習を生む（練習の法則）。

このような学習のことを、「試行錯誤学習」という。この動機づけや促進が成立するプロセスを「効果の法則」といい、オペラント学習の「強化」の考え方にも、大いに影響を与えた。

「保育所保育指針」等では、「育みたい資質・能力」として、「気付いたことや、できるようになったことなどを使い、考えたり、試したり、工夫したり、表現したりする『思考力、判断力、表現力等の基礎』」（1章 4(1)-(イ)）を盛り込んでいる。

保育士は目に見える行動や結果から、「できた／できなかった」と即断するのでなく、失敗やつまずきの中に多くの学びの可能性があることを、意識すべきである。

第4節 >>> 人との関わりにおける学び

▶1　観察学習

　アメリカの心理学者バンデューラ（Bandura, A. 1925 ～）は、人は他者の影響から社会的習慣、態度、価値観、行動などを習得していくと考え、「社会的学習説」を唱えた。特に強化子の働きかけを直接与えられなくても、学習が成立することを証明した（Bandura, et al. 1961）。

　実験に参加した子どもたちのうち、目の前でモデルとなる大人がビニール製の人形に対し「投げる」「ハンマーで打つ」等の攻撃行動をする様子を見たグループは、それを見なかったグループよりも、明らかに（モデルと同じような）攻撃行動を多く行なうことがわかった。

　保育現場では、「保育士は子どもたちのお手本となるので、言動には気をつけるように」などと言われるが、それには根拠があるということである。

　また、「○○してごらん」と口で言うよりも実際に大人がやって示す方が、効果的なのである。さらに、危険な行為や望ましくない行動が（何らかの形で学習されていたとしても）、良くないこと・すべきでないことを、大人が毅然とした態度で示し、子ども達が実感をもって自己コントロールできるよう促すべきであるといえよう。

▶2　偉大な知見から"学ぶ"こと

　本章では、歴史的な学習理論について様々に紹介してきた。それらが現在の保育にも有益な知見であることは、理解できたと思う。

　先人たちの優れた理論は、それだけ行動や学習の本質を捉えており、その可能性が発揮される機会を常にうかがっているといえよう。過去の偉大な知見から何を得て、子どもたちのより良い学びにどのように生か

していくのかが、絶えず我々に問われているのである。

【引用・参考文献】

石井正子・松尾直博編著『教育心理学 —— 保育者をめざす人へ』樹村房、2004 年

石田潤「学習」石田潤・岡　直樹・桐木建治・富永大介・道田泰司共著『ダイアグラム心理学』北大路書房、1995 年、pp.79-95

大宮勇雄『学びの物語の保育実践』ひとなる書房、2010 年

小林 芳郎編著『学びと教えで育つ心理学 —— 教育心理学入門』保育出版社、2015 年

実森正子「オペラント条件づけ 1 ：基礎」実森正子・中島定彦共著『学習の心理 —— 行動のメカニズムを探る』サイエンス社、2000 年、pp.83-108

高嶋正士・藤田主一編著『発達と教育の心理学』福村出版、1996 年

田爪宏二編著『教育心理学』(よくわかる！教職エクササイズ 2)ミネルヴァ書房、2018 年

山岸明子著『発達をうながす教育心理学 —— 大人はどうかかわったらいいのか』新曜社、2009 年

Bandura, A.; Ross, D.; Ross, S. A. Transmission of aggression through the imitation of aggressive models. *Journal of Abnormal and Social Psychology*. 63（3）,1961, pp.575–582.

Pavov,I.P. Conditioned reflexets. (translated by Anrep,G.V.) Oxford University Press, 1927.（【邦訳】パブロフ、林髞訳『条件反射学』三省堂、1938 年）

Skinner,B.F. *The Behavior of Organisms: An Experimental Analysis*. New York:Appleton, 1938.

Thorndike,E.L. *Animal intelligence:An experimental study of the associative processes in animals.*, Macmillan, 1898.

（山口昌澄）

第13章

学びの動機づけ

第1節 »»» 動機づけとは

▶ 1 動機づけ

　人は、何かの欲求によって、動機が生じ、その動機から行動する。例えば、「お腹がすいた」という欲求が生じたため、「何かを食べよう」という動機が生じ、「食べる」という行動に移る。つまり、「動機づけ」というのは、行動を起こす原因ということで、動因と呼ばれることもある。動機づけには、大きく分けて、生理的動機づけと社会的動機づけに分けられる（ここでは、「欲求」と「動機」は、ほぼ同義として扱う）。

▶ 2 生理的動機づけ

　生理的動機とは、生命維持や生存のための欲求である。例えば、喉の渇きや食欲、睡眠欲といった欲求や、苦痛な刺激（危険や電気ショックなど）から逃げようとする欲求がある。これらの生理的反応が働き、「喉が渇いた」という「動因」によって、行動するものであり、この動因を低減させるために行動する（＝動因低減説）と考えられている。

▶ 3 社会的動機づけ

（1）親和動機

　「親和動機（affiliation motive）」とは、他者と仲良くなりたい、協力して良好な人間関係を築きたい、それを維持していきたいという欲求であ

る。喉の渇きといった生理的欲求に対して、社会的な関わりがあり、集団生活をしている社会的な動物ならではの欲求である。

　メイヨー（Mayo,G.E. 1880 ～ 1949）が中心に行なった実験で、「ホーソン実験」というものがある。これは当初、生産力を高めるための労働条件を見出す目的の実験だったが、物理的な報酬や労働条件よりも、職場における心理的要因（良好な人間関係）が重要であることがわかった。

　この結果を子どもに転じると、保育所に仲の良い友だちや好きな保育士がいれば、その人たちと共に何かをすること自体が楽しいと思うことで、保育所に行きたくなる動機が生まれることにつながるといえる。

（2）達成動機

　「達成動機（achievement motive）」は、目標に向かって何かを成し遂げたい、じょうずにやり遂げたい、達成感を得たいという欲求である。仕事において、報酬や人間関係のためだけではなく、「やりがい」を求めるということである。「やりがい」とは、自己実現をしたり、仕事の意義を実感したりすることである。賞罰によって労働者を外的に統制することではなく、いかに「やりがい」のある課題を与え、その達成を援助する環境や制度を整えるかが大事になる。うまくできたり、他人よりも早くできたりという体験は、さらに大きな達成感にもつながる。

　子どもにおいても、同様のことがいえる。保育士は、一方的に知識を教え込んだり、賞罰によって動機づけようとしたりするのではなく、子どもが興味をもち、子どもの主体性を引き出すことで、子ども自身が達成感を味わえるような設定を考えられるようにしたい。

　ただし、設定では、「適度な難しさ」を感じることが好ましい。例えば、幼児の輪投げゲームをイメージしてみよう。自分の位置から３メートルも離れたところの輪投げは、おそらくどの幼児にも難しすぎるだろう。輪を投げるには、年齢的に腕、手首などの加減・調整と投げる動作がうまく行なえず、難しいからである。しかし、距離をその半分の1.5メートルにしたら、運よく入るかもしれない。さらに、輪を大きめの

　ボールに変え、輪を受ける棒も「かご」などに設定を変えてみたら、幼児でも達成の可能性が高まってくる。難しすぎる課題は成功しさえすれば、達成感を得ることができるが、失敗のリスクも高くなる。

　失敗すると達成感を得ることができないので、達成動機は低下する。しかし、少しでも工夫を交え、適度な難度を維持しながら挑戦するという気持ちを生じさせること、また、成功した時の達成感を味わえそうな環境設定をすることで、達成動機は高まると考えられる。

▶ 4　階層性理論

　このほかに、動機づけの階層性理論がある。マズロー（Maslow, A.H. 1908 ～ 1970）によって論じられたもので、ヒトの欲求には低次から高次までの階層関係があり、低次の欲求が満たされると、より高次の欲求が現れる。上位層に人間ならではの欲求が生じるといえる（**図表 13-1**）。低次の欲求が満たされないと、それより高次の欲求は生じない。例えば、食事や睡眠等がとれない状況の中では、人間関係に注意を向けたり、より高次の「やりがい」を求めたりすることはできない。

図表13-1　マズローの欲求階層

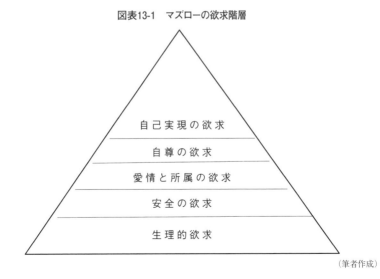

自己実現の欲求

自尊の欲求

愛情と所属の欲求

安全の欲求

生理的欲求

（筆者作成）

第2節 »»» 内発的動機づけと外発的動機づけ

► 1 外発的動機づけ（extrinsic motivation）

「外発的動機づけ」とは、賞罰や他の人、周りの状況など、自分以外のものに働きかけられて行動するという動機づけである。自分から行なうのではなく、やらされるとか、やらないといけないからやるといったものである。例えば、「ゲームを買ってもらうために勉強をする」とか「ローン返済のために、生活のために働いている」のように、ゲームや生活という外発的な事物によって、勉強するとか働くという行動に動機づけられることはよくあり、これが外発的動機づけである。

　幼児の生活で考えてみよう。自分の嫌いな食べ物を食べたら、「保育士（など）にほめられた」。これは、保育士（など）からの言語的報酬（ほうしゅう）であり、保育上、非常によく使われる。この言語的報酬によって、「○○先生にほめられたいからがんばって食べてみる」という外発的動機づけが生じる。

　逆に、自分の嫌いな食べ物を残したら、「叱られた」（罰）。この場合は、「食べものを残す（負の行動）＝叱られるという行動（罰）」を経験したことで、叱られたくないという外発的動機づけが働き、食べものを残さないようにしようと思うようになるかもしれない。

　よい行動をすると「ほめられる」。行動と結びついた「ほめられたい」というこの欲求（外発的動機づけ）は、特に、幼児では有効な場合が多い。「ちょっとがんばってみよう」という意識を引き出すには有効な手段であり、関係性も築きやすくなると考えられる。

　また、いつもほめてくれる、あるいは優しく見ていてくれる保育士（など）が、「叱る」という態度を見せたときは、「はっ」として自分の行動を正していくことも可能であるが、「叱る」ことが繰り返されると、

「叱る」ことの有効性がなくなる。このように外発的動機づけは、長期的な効果が少ないといわれている。

▶ 2　内発的動機づけ（intrinsic motivation）

「内発的動機づけ」とは、何かほかの報酬を得るための手段としてではなく、それ自体を満たすことを目的とした欲求である。例えば、「大好きな科目がある」とか「仕事が楽しい」「職場が楽しい」といったことは、勉強や仕事をする上での内発的動機づけといえる。これは、楽しいという気持ちや、やりがいによって、欲求が維持される。こうした欲求は行動が持続しやすく、集中力も高まる効果が考えられる。保育士としては、子どもたちが内発的動機づけをもてるような支援や関わりを心がけたい。

例えば子どもたちが、「食べてみたことのない食材を友だちと食べる体験をしたら、その後、同じ食材を自ら食べるようになった」とか、「ピアニカをじょうずにふけるようになりたい」「虫についてもっと詳しく知りたい」と思うようなことが、内発的動機づけといえる。子どもたちにきっかけを与えてやったり、興味や関心を広げたりすることが、保育士には大切である。

内発的動機づけのうちで、自分で関心をもち、知りたい・わかりたいという欲求を、「知的好奇心」という。例えば、虫や恐竜が好きでその名前を覚えたり、属性を考えたり、事象の因果関係なども言えるようになったりする。そういったときに、類似の課題を出してやったり、自分で調べてみることを促したりできる保育士は、子どもの知的好奇心をさらに広げることになる。子どもそれぞれの興味や関心を引き出せるような課題設定が、保育士には求められる。

また、内発的動機づけのひとつに、「向上心」が挙げられる。向上心は、知識を増やしたい、物事の原因や理解を深めたい、わかりたいという欲求という点では、「知的好奇心」と重なる。だが、運動や音楽、絵

画などの技術の上達も含むという点で、「知的好奇心」と全く同じわけではない。一生懸命練習すれば、例えば水泳やピアノが上達し、じょうずにできるようになりたいと練習するのが「向上心」である。

このような「知的好奇心」や「向上心」といった内発的動機づけを高める働きかけを、保育士は意識したいところである。

▶ 3 内発的動機づけと外発的動機づけ

内発的動機づけと外発的動機づけは、どちらかというと、内発的動機づけのほうが好まれる。その理由の一つは、外発的動機づけによる学習は、賞罰が与えられない状況になると学習しなくなる可能性があることである。もう一つの理由は、賞罰に注意がゆき過ぎると、学習そのものに関心がなくなってしまい、妥協したような低い遂行成績・結果になる可能性があるということである（市川、2011）。

保育の現場では、外発的動機づけと内発的動機づけの両方を、適度に織り交ぜて行なうことが有効である。

はじめのうちはちょっとした「できたこと」でよい。例えば、頭をなでたり、手に花丸を付けてやったりすると、「もっと、もっと」という気持ちを引き出しやすい（外発的動機づけ）。保育士がほめながら（言語的な報酬）行動することで、徐々に子ども自身が自ら関心を深めたり、一人でやろうとしたりといった、内発的動機づけを高めていくことが可能である。

きっかけは言語的報酬であっても、徐々に子どもの知的好奇心や向上心、さらには学習の自発性に変わっていくことが大切である。特に、幼児期に身支度や食事など基本的生活習慣の面で、できることが増えていくことは、子どもにとっても自己効力感につながる。

知的好奇心や向上心についても同様である。例えば、虫好きの子どもがいた場合、他の子どもたちに「ずかんでしらべてみよう」とを誘ってみる。また、歌や踊りなどの発表をしようとする際に、「がんばって練

習して、お父さんお母さんに見てもらおう」という言葉をかけてみる。

　こうした言葉がけが、練習しようとする意欲を育てる場合もある。日々の保育の中で、言語的報酬としての「ほめる」ことをうまく取り入れたり、環境を設定したりして、内発的動機づけを引き出してほしい。

▶4　外的報酬による阻害効果

　前項で、外発的動機づけをじょうずに使いながら、内発的動機づけに変えていくことの重要性を述べたが、賞罰は内発的動機づけを低下させてしまうことがある。ある実験で、自分が興味のある本を読んでいる、本好きの子ども（内発的動機づけの高い子）を集めた。この子どもに対し、本を読んでいることへのごほうびを与えるようにすると、子どもは徐々にごほうびをもらえることを期待して本を読むようになってしまったという。これは、ごほうびという報酬に「外発的に動機づけられた状態」になってしまった、ということである。

　このように、最初は内発的動機づけだったものが、報酬を与えることで外発的動機づけへと変化してしまうことを、「アンダーマイニング効果」という。こうした現象は、物質的・金銭的な報酬を与えた場合によくみられるとされ、注意が必要である。

　大人も同様で、ボランティア精神でいろいろなお手伝いをしたにもかかわらず、もしそこで報酬としてお金をもらってしまったら、報酬を期待するようになり、ボランティア精神も薄れてしまうだろう。

▶5　学習性無力感

　行動を学習するという動機づけを低下させてしまうような働きかけもある。セリグマン（Seligman, M, 1942～）は、犬に対して無作為に電気刺激を与えるという実験を行なった。犬は、最初のうち電気刺激から逃れるためにいろいろな行動をとるが、どんな行動をとっても電気刺激がやってくるので、そのうちほとんど行動しなくなってしまったのである。

　これは、自分が何か行動しても結果（この場合は電気刺激）を変えることができないことを知ったため、無力感を覚えて行動しなくなったのだと考えられる。この現象を「学習性無力感」と呼ぶ。

　この実験は犬を対象に行なわれたものだが、同じようなことは、人についてもみられる。例えば、学校で「いくら勉強をしても良い点がとれない」ということが続くと、学習意欲の低下につながる。これはまさに学習性無力感である。ただし、何かやり方が悪いのかもしれないし、その子にあった方法があるかもしれないので、保育士の立場では、何がいけないかを一緒に考えることが必要である。

　また、DV（ドメスティック・バイオレンス）や虐待も、子どもが自分ではどうにもできない。このため、その環境から逃げ出せないまま「無気力さのみを学習」している場合がある。この場合は、自己に対する肯定感や自己効力感が非常に低くなる傾向にあるため、充分なケアや治療が必要になる。

【引用・参考文献】

市川伸一　『学習と教育の心理学 増補版 』(現代心理学入門 3) 岩波書店、2011 年

伊藤健次　『保育に生かす教育心理学』(新時代の保育双書) みらい、2008 年

高村和代他　『保育のためのやさしい教育心理学』ナカニシヤ出版、2009 年

吉川成司他　『はじめて学ぶ教育心理学 [第 2 版]』ミネルヴァ書房、2016 年

（楜澤令子）

第14章

乳幼児期の学びの過程と特性

第1節 》》》 主体的に遊ぶことの重要性

　幼児教育において育みたい資質・能力は、それぞれ別々に育むものではなく、遊びを通しての総合的な指導を行なう中で、「知識・技能の基礎」「思考力・判断力・表現力等の基礎」「学びに向かう力・人間性等」を一体的に育んでいくことが重要である（**図表14-1**）。

　子どもが主体的に遊ぶということは、子どもが自らの意志で熱中して遊ぶことであり、子どもの成長発達のために不可欠である。日光を必要とする植物のように、遊ぶことで子どもは力強く成長発達していくことになる。つまり主体的に遊ぶことで健康・人間関係・環境・言葉・表現

図表14-1　資質・能力の三つの柱に沿った、幼児教育において育みたい資質・能力の整理イメージ（たたき台）

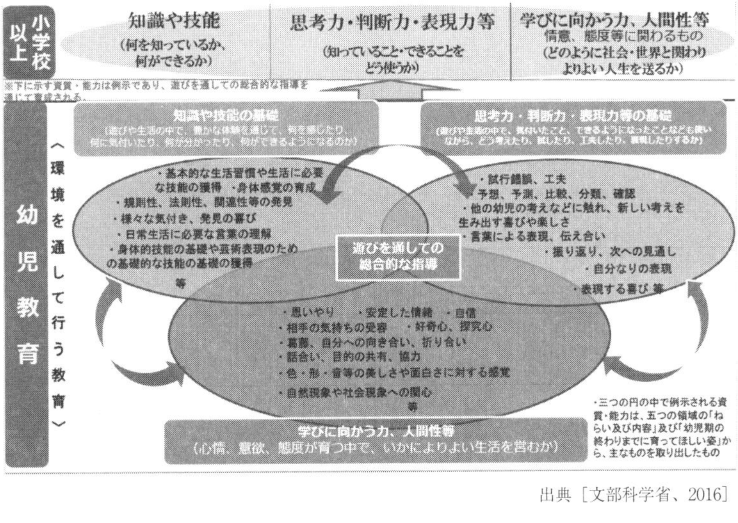

出典［文部科学省、2016］

114

図表14-2　幼児期の終わりまでに育ってほしい10の姿と主体的に遊ぶこと

＊主体的に遊ぶことは子どもにとって太陽のように不可欠である。上図は、主体的に遊ぶことで
健康・人間関係・環境・言葉・表現の5領域の経験を積み、主体的に遊ぶことが幼児期の終わ
りまでに育ってほしい10の姿につながっていくことを示した図である。　　　（筆者作成）

の5領域の経験を積み、幼児期の終わりまでに育ってほしい10の姿に
近づいていく（**図表14-2**）。保育者は、子どもたちが環境を通して主体
的に遊びながら多様な学びを積んでいけるように、日々の保育を考えて
いかねばならない。

第2節 》》 発達につながる遊び

▶ 1　発達につながる自発的な遊び

　子どもの自発的な遊びは、子どものまさにその時の発達につながる活
動であることが多い。

　例えば、生後4か月頃からの喃語も声遊びのような活動で、この活動
を通していろいろな音を発声できるようになっていく。

　また、生後約5か月頃から楽しめるようになる「いないいないばぁ」
遊びも、物の永続性を理解し始めて、いったん見えなくなった顔が再び
現れることを予想できるようになる時期だからこそ、何度も繰り返し楽

しむことができるのである。

　生後 9 か月頃になり、はいはいができるようになると、好きな場所へ自分で移動すること自体が遊びとなり、その運動が身体の発達につながる。さらにつかまり立ちをしはじめると、見える世界が広がり、探求心も旺盛（おうせい）になり、見つけたおもしろいものにむかって移動しようとすること白体が遊びとなり、その行動がつたい歩きへの発達につながっていく。

　2 歳頃になると象徴機能がいっそう発達し、積み木を車に見立てて遊ぶ見立て遊びや、簡単なごっこ遊びも楽しむようになる。これらの活動も、象徴機能の発達につながっていく。

　以上のように、子どもはまさにその時の発達につながる活動を楽しむことが多いので、保育者は、子どもの心身の発達をよく把握しながら、子どもが主体的にのびのびと遊びを展開していけるような環境に整備していかなければならない。

▶ 2　遊びの価値

　遊びの価値には、**図表 14-3** に示したように、身体的価値と教育的価値、社会的価値、治療的価値があるとされている（佐々木・新井、1997）。

図表14-3　遊びの価値

1 身体的価値	・遊びは身体的発達に支えられて生じることが多い。そして、遊ぶことによって身体・運動機能はさらに発達する。
2 教育的価値	・遊ぶことによって、次のような精神的な発達がもたらされる。 　①知性の発達（比較、判断、類推、創造など） 　②社会性の発達（競争、協調、譲り合い、助け合い、自己主張など） 　③道徳性の発達（善悪の判断、思いやり、正義感など） 　④情緒の発達（欲求不満耐性、自由な感情表現など） 　⑤自我意識の発達（友だちと自分を比較したり衝突することによって、自我意識が発達する）
3 身体的価値	・人間は社会的な存在であるが、友だちと遊ぶことによって、他者と共に生きていくことの喜びや連帯感を感じることができる。
4 教育的価値	・自由な雰囲気のなかで遊ぶことによって、怒りなどの抑圧されていた情緒を表出したり、現実生活のなかでは充足することができない願望を満たすことができる。それによって精神的に健康な生き方をとり戻すことが可能になる。

出典［佐々木・新井、1997］を基に筆者改変

第3節»»» 遊びの分類と発達

古くからの子どもの遊びに関する研究は多くあり、いろいろな遊びの分類が行なわれてきた。ここでは、特に有名な分類として、ピアジェとパーテンの分類について紹介する。

▶ 1 ピアジェによる遊びの分類と発達

ピアジェ（Piaget, J. 1896 〜 1980）は、彼の認知発達理論に基づいて子どもの遊びを発達的側面から3つに分類した（**図表 14-4**）。

2歳頃までの感覚運動的段階において感覚や運動の機能を働かせること自体に喜びを見出すような遊びを「機能的（感覚運動）遊び」と呼んだ。また2歳頃〜6・7歳頃までの前操作的段階において身近な物や人をイメージして身ぶり等であらわして遊ぶような見立て遊びや模倣遊びを「象徴遊び（象徴的遊び）」と呼んだ。そして、7歳頃からの具体的操作段階での鬼ごっこやドッジボール等のような遊びを「ルール（規則）のある遊び」と呼んだ。

図表 14-4　ピアジェによる子どもの遊びの分類

機能的（感覚運動）遊び	感覚運動的段階	2歳頃まで	感覚や運動の機能を働かせること自体に喜びを見出す遊び（ガラガラを振るなど）
象徴的（象徴）遊び	前操作的段階	2歳頃から6〜7歳頃まで	現実を離れた想像による遊び（見立て遊び、ごっこ遊び、空想遊び、模倣遊びなど）
ルールのある（規則）遊び	具体的操作段階以降	7歳頃から	ルールのある遊びで、社会的遊び（鬼ごっこ、ドッジボールなど）

出典［ピアジェ、1967］を基に筆者改変

▶ 2 パーテンによる遊びの分類と発達

パーテン（Parten, M. B. 1902 〜 1970）は、子どもの遊びについて、同年齢の子どもとの人間関係の観点から分類し、遊びの類型の発達を図示

した（**図表 14-5**）。パーテン
によると、はじめは同年齢の
子どもに興味を示すことなく
「ひとり遊び」が多いが、2
歳頃になると、遊んでいる同
年齢の子どもに興味を示して
他者の遊ぶ姿を見る「傍観者
的行動」をするようになる。

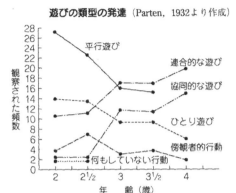

図表14-5　子どもの遊びの類型の発達求階層

出典［Parten,1932］を基に作成

　また、2 ～ 3 歳頃の子ども
は、「傍観者的行動」だけで
なく、同年齢の子どもと明確
な相互作用はないが、同年齢の子どものそばで遊ぶという「平行遊び」
をすることが多くなる。一見すると一緒に遊んでいるように見えるが、
それぞれ別々のことをして遊んでいる。しかし、周りで同年齢の子ども
が遊んでいると、刺激を受けていっそう楽しそうに遊び、その子どもが
去ってしまうとつまらなさそうにしたりする。

　さらに 3 ～ 4 歳頃になると、同年齢の子どもと一緒によく遊ぶが、協
力し合うところまではいかない「連合的な遊び（連合遊び）」が多くなる。
そして 5 ～ 6 歳頃になると、同年齢の子どもたちと共通した目的をもっ
て役割分担し協力合って一緒に遊ぶという「協同的な遊び（協同遊び）」
がよく見られるようになる。

　例えば、砂遊びにおいて、砂山にトンネルを作るという共通の目的に
向かって、友だちと向かい合ってお互いに穴を掘っていき、トンネルの
先に光と共に見えてきた友だちの手に触れたときの喜びを覚えている人
もいるのではないだろうか。このような友だちと一緒に達成感を感じる
ような楽しい経験を重ねていくことで、友だちと協力し合うことの意義
を心に刻んでいくことになるのである。

　こうした遊びによる学びは、「保育所保育指針」やその他の要領に共

通して示されている「幼児期の終わりまでに育ってほしい 10 の姿」の中の「協同性」を培うことにつながっていくのである。

第4節 »»» 遊びにおける保育士の援助

▶ 1　遊びを支援する保育士の姿勢

　保育士は、子どもの様々な遊びと生活が相互に関連し合い積み重ねられていくことにより、子どもの発達が進むことを知っておくべきである。

　遊びを通して保育することについて、「保育所保育指針」には次のように書かれている。

> 「子どもが自発的・意欲的に関われるような環境を構成し、子どもの主体的な活動や子ども相互の関わりを大切にすること。特に、乳幼児期にふさわしい体験が得られるように、生活や遊びを通して総合的に保育すること。」
>
> （「保育所保育指針」第 1 章 1-(3)- オ）

「幼稚園教育要領」「認定こども園教育・保育要領」でも次のように書かれている。

> 「幼児の〔乳幼児期における※〕自発的な活動としての遊びは，心身の調和のとれた発達の基礎を培う重要な学習であることを考慮して，遊びを通しての指導を中心として（中略）総合的に達成されるようにすること。」
>
> （「幼稚園教育要領」第 1 章 第 1-2 ／※「認定こども園教育・保育要領」第 1 章第 1-1-(3)）

　このように、いずれにおいても子どもの自発的な活動としての遊びを通して保育することを重要視している。

▶ 2　遊びの中の5領域の体験

　ある一つの遊びの中でも、様々な領域の体験がある。例えば、「お店屋さんごっこ」で、まず近くにある店について思い出したり見学したりすることで「環境」の領域の体験をすることになる。次に、紙等でいろいろな商品を工作してみることで「表現」の領域の体験をすることになる。また、友だちと協力し合ってお店屋さんを作っていくことで「人間関係」の領域の体験をすることになり、ものを買ったり売ったりするようなやりとりをしてみることで「言葉」の領域の体験をすることになる。さらに、様々な食材について考えていくことから栄養バランス等について学び、「健康」の領域につながる体験もすることになる。

　したがって保育士は、子どもが興味・関心に沿って遊びを豊かに展開していくことができるような環境について、常に検討していくべきである。その際に短絡的に遊びと学びがつながることを期待しすぎたり、ある種の知識・能力の習得に偏ったり、子どもが主体的に取り組めない受動的な遊びばかりにならないようにしていきたいものである。

▶ 3　社会情動的な学び

　子どもはまた、遊びを通して多様な事物についての認知能力を高め、さらに友だちと遊ぶことで、仲よく遊ぶことの楽しさを味わい、コミュニケーション力・人間関係力を養っていく。さらに、いざこざやけんかを通して泣いたり怒ったりするだけでなく、相手の気持ちに気づき、葛藤を体験し、ネガティブな情動そして状況を乗り越えていく経験を通して、社会情動的な学びも深めていく。

　しかし、現代の子どもたちには、近所に遊び仲間がいなかったり、安全な遊び場もなく、自由時間もなかったりするために、仲間と自由に遊ぶことのなかなかできない環境の中で暮らしている子どもが多い。したがって保育所が、そういった子どもたちに、仲間と自由に伸び伸びと遊

ぶことのできる環境を提供していくことが必要である。

【引用・参考文献】

厚生労働省「保育所保育指針（平成29年告示）」2017年

佐々木晃「（4章）遊びの発達」新井邦二郎編著『図でわかる発達心理学』福村出版、1997年

内閣府・文部科学省・厚生労働省「認定こども園教育・保育要領（平成29年告示）」2017年

文部科学省「幼児教育において育みたい資質・能力の整理」『文部科学省幼児教育部会における審議のとりまとめ』2016年

文部科学省「幼稚園教育要領（平成29年告示）」2017年

B.M.Parten, "Social participation among pre-school children.", The Journal of Abnormal and Social Psychology, 27(3), 1932, pp.243-269.

J.Piaget La formation du symbole chez l'enfant.1945（邦訳：大伴茂『遊びの心理学』黎明書房、1967年）

（高岡昌子）

第15章

乳幼児期の学びを支える保育

第1節 »» 子どもを取り巻く現状と課題

▶1 核家族化、少子化による課題

　乳幼児期は著しい成長・発達を遂げる時期であり、人間形成の土台と
もなるべき時期である。近年の社会情勢の大きな変化の中で子どもの置
かれている状況から課題について考えてみたい。

　高度成長以降、日本における家庭の在り方やライフスタイルが、多様
化してきている。特に、女性の高学歴や労働力としての社会的地位の向
上等により、女性の就業率は 1986 年には 53.1％であったが、2018 年に
は 67.4％と約 14 ポイントの上昇がみられている（内閣府、2018）。

　以前は結婚後、専業主婦となる女性が多かったが、この調査によると
子育て期の 25 ～ 44 歳の女性の就業率は 74.3％と示された。また、女性
が職業をもつことに対する 2016 年の意識調査では、「子どもができても、
ずっと職業を続ける方がよい」と回答する割合が、男女とも調査開始以
来 5 割を上回った。と同時に核家族化が進み、2016（平成 28）年国民生
活基礎調査の結果によれば、核家族世帯は全体の 60.5％を占めている。
2015（平成 27）年の国勢調査でも、4 人以下世帯が全体の世帯数の 9 割
を占めていることが示された。

　家庭において、人間形成の土台となる「愛着関係」の形成が、困難な
状況に直面してきている。女性が就業し続けることで、共働き家庭が増
加している。ベネッセ教育研究所が行なった「幼児の生活アンケート」

によると、子どもが保育所・幼稚園等で過ごす平均時間は、保育所で「8時間くらい」から「10時間くらい」が7割を占め、幼稚園では「5時間くらい」から「6時間くらい」が約8割を占めている（ベネッセ教育総合研究所、2015）。さらに、親の就業時間の延長に伴い、保育所に通う子どもの14～15%は11時間以上、園で過ごしていることが示された。また、年齢が上がるにつれ、習い事をしている幼児の比率が高くなっている。愛着関係を築くための特定の大人となる親は、生活時間の大半、子どもの側にいない状況であるといえよう。

　少子化問題も、子どもの成長・発達に大きな影響を及ぼしている。厚生労働省の調査によると、2019年の全国の出産数は91万8397人で、1899年の調査以来過去最低となっている。また、合計特殊出生率は「1.42」となり、ひとりっ子の割合が増えている。

　子どもは、子ども集団をつくることで遊びの中から多くの学びを得てきた。しかし、少子化により、子どもが仲間をつくって遊ぶ機会が激減している。「平日、保育園・幼稚園以外で遊ぶとき、誰と一緒の場合が多いか」（ベネッセ教育総合研究所、2015）の質問に対して最も比率が高いのは「母親」86.0%であり、次いで「きょうだい」49.3%、「友だち」27.3%であった。1995年からの変化をみると「母親」が増加しており、1995年は55.1%、2015年は86.0%と20年間で30.9ポイント増加している。一方「友だち」と回答した比率は減少し続けており、1995年は55.1%、2015年は27.3%と、20年間で28.8ポイント減少している。

　背景として、共働き家庭の増加により保育園等にいる時間が年々長くなり、それ以外の場所で友だちと遊ぶ時間が減少していることが示唆される。また、「きょうだい」と回答した比率をみると20年間で11.0ポイントの減少がみられた。ひとりっ子の割合が増えていることを裏づけている。

　同年齢、異年齢の子ども同士が関わる環境を狭める要因として、メディア接触の増加も挙げられる。2004年に日本小児科医会は、「子ども

とメディア」の問題について提言を行なった。提言は、テレビ、ビデオ視聴を含むメディア接触の低年齢化、長時間化により、外遊びの機会が奪われ、人との関わり体験の不足を招くことによって、運動不足や睡眠不足、そしてコミュニケーション能力の低下を招き、それらが言葉や心の発達を妨げるとしている。

　ベネッセ教育研究所の調査では、テレビを1日2時間以上見ている乳幼児は約5割、ビデオ・DVD・HDRは約2割である。メディアを一人で操作できる比率では、3歳児ではスマートフォンが約4割、ビデオ・DVD・HDRが約3割であり、6歳児ではスマートフォンが約5割、ビデオ・DVD・HDRが約7割であった。子守代わりにスマートフォンを使用することが社会問題として一時期取り上げられたが、メディア接触の問題は、改善されているとは言い難い状況にある。

▶ 2　生活の課題

　女性の家事労働を軽減化するように、家庭の中に電化製品が多く見られるようになった。現代社会は、生活の質向上のために便利さを追求・進化させてきた。生活が便利になることが、子どもの育ちにどのような影響を及ぼしているのだろうか。

　従来、子どもが生活を通して学んできた基本的生活習慣の自立や挨拶等の社会的ルール、外遊び等を通しての体の使い方などは、家庭で過ごす時間の減少や核家族の影響により、家庭では身につかなくなっている。さらに、手先を使用した手仕事を経験する機会が減少している。

　これらの現状は、子どもの成長・発達に必要と思われる生活リズムの確立や生活習慣の自立を阻害させることにもつながっている。夜型生活習慣の低年齢化、食生活の乱れ、日常的な身体活動の不足、さらにストレスの多い生活は、学齢期の子どもたちが抱える生活習慣の問題点の要因ともなっている。

　子どもの生活は「遊び」が大切であるといわれている。しかし近年、

遊んでいてけがをする子どもが増えており、子どもの運動能力や体力の低下が問題視されている。本来、子どもは外で体を使って遊ぶことで運動神経を発達させていく。運動の時間を設定して運動させるより、自由に体を動かして遊ぶ方が運動能力や体力が身につく。つまり、遊びの中で五感（視覚・聴覚・触覚・味覚・嗅覚）を通して子どもが試行錯誤しながら体を動かすことにより、運動能力が身についていくと考えられる。

　しかし、子どもの遊び場は都市化の影響で年々減少しているという現状がある。ベネッセ教育研究所のアンケートにおいても、平日、園以外で遊ぶ場所として最も多かったのが自宅であった。

　子どもは日常の生活や遊びの中で多くのことを学び、人間形成の土台を築いていく。しかし、社会や生活環境の変化により、一人の人間として必要な愛着形成や、子ども集団におけるコミュニケーション能力の育ちや失敗・成功体験、生活習慣や社会的ルール獲得について、また、手仕事の体験不足、運動能力・体力の低下など、多くの課題が山積している現状がある。

第2節 »»» 課題に応じた保育とは

▶1　世界や日本の動き

　日本で起きている様々な社会現象の変化は、欧米の先進国等でも社会問題として課題提起されてきた。多様な問題が想定される 21 世紀の社会・経済政策を考慮し、国民の教育程度を高める議論も始まった。

　アメリカの経済学者ヘックマン（Heckman,J.J. 1944 ～）は、「教育は開始時期が早いほど費用が大きくかからず、成果が出やすい」という研究成果を報告した。これにより、経済成長のためには、保育・幼児教育を重視することにより、人材の質を高めることが重要であり、最も効果的で

あることが明確化され、乳幼児期に注目が集まった。このことをうけ、女性の労働が、社会・経済施策上重要となるため育児を支える社会のシステムや育児を支える質を上げること、貧困層への社会政策上、保育・幼児教育重視策を行なうことが、各国の政策としても重視された。

さらに、教育は認知能力だけではなく"非認知能力"の育成が重要とされた。このような世界の動きに対応する日本においても、保育・幼児教育を 21 世紀バージョンへと転換させるため、2017 年に「保育所保育指針」「幼稚園教育要領」「認定こども園教育・保育要領」の改訂・改定が行なわれた。

この改訂・改定では、保育の内容・方法の基本原理をできる限り同一のものにすることをポイントとして、「資質・能力を育てる」という目標概念が明確化された。より具体的な教育目標に近づけるために、保育・教育を通して育てるべき具体的な資質・能力として、「幼児期の終わりまでに育ってほしい姿（10 の姿）」が示された。

この「10 の姿」は、今の乳幼児たちが 20 年後以降を社会人として生きるということを想定している。今も将来も、人間らしく共感的に深い生きがいをもって生きていくためには、こうした資質・能力を有していることが必要ではないかという視点から選ばれ、未来社会の人間形成の課題を意識して設定されたのが「10 の姿」であるといえよう。

▶2　育ちの環境について

現代の子どもの生活は、家庭で過ごす時間よりも保育施設にいる時間の方が長く、保育所での生活時間が長時間化する傾向にある。子どもの「遊び」を保障し、豊かな生活を体験させることを家庭に臨むことが難しい現状にある。

子どもは本来、特定の大人とアタッチメントを形成し「安全基地」をつくり、「安全基地」を基盤として世界を広げていくことで好奇心や意欲、心地よさ、人との信頼関係等、人間形成の土台を築くのである。そ

して、子どもの好奇心や意欲・関心・興味は子どもの自発的な活動となる。この子どもの気持ちを、ありのままに受け止め、認めてもらうことにより自己肯定感が育まれ、自信をもって成長していくのである。子どもがやり遂げようとして試行錯誤を繰り返し、自分の力で成し遂げられた成功体験を積むことが、成長・発達に大きく関与する。そうした活動を体験し、学んでいくことができる環境が重要である。

　保育の場面で、子どもが「遊び」を通した生活や活動を十分に行なえる環境をどのように提供することができるであろうか。環境の大切さについては、「保育所保育指針」をはじめ、各要領に明記されている。具体的には、「乳幼児期の子どもの成長にふさわしい保育の環境をいかに構成していくかということは、子どもの経験の豊かさに影響を及ぼすという意味で、保育の質に深くかかわるものである」。また、「保育においては、子ども自身の興味や関心が触発され、好奇心をもって自ら関わりたくなるような、子どもにとって魅力ある環境を保育士等が構成することが重要である。その際、子どもがそれまでの経験で得た様々な資質・能力が十分に発揮されるよう工夫する」（厚生労働省、2018）とされている。

　子どもの生活の基盤が保育施設に移行している現状において、生活習慣の継承も、子どもの「遊び」の中で体験をし、学んでいくことが必要となっている。子どもが成長自立する上で、実現や成功などのプラス体験はもとより、葛藤や挫折などのマイナス体験も含めて、「心の原風景」となる多様な体験を経験することは不可欠であろう。

　年齢に応じた発達に基づき、子どもの興味・関心を広げられるような活動を保育士は意識しなければならない。また、手を動かし、身の回りの事象について五感を使って子どもが体感できる環境や、多様な子ども集団の中で、コミュニケーションをとりながら自己決定できる主体性を育てられる環境が、必要となってくる。

　このような望ましい環境を提供するためには、保育士が計画を立て、実践して振り返り、自己評価を行なっていくことが不可欠である。保育

者としての資質や専門性を生かしつつ、他の保育者との同僚性や協調性を大切にしながら、保護者や地域をも巻き込み、子どもにとって最善の環境を構成していくことが、望まれているのである。

▶3　主体的な保育について

汐見稔幸は、乳幼児期に、次のような資質能力を身につけさせる必要があるとしている。「①身体を動かすのが大好き、身体ぐるみでわかることが大好き、②自分で考えるのが大好き、議論してもっといい考えを見つけるのが好き、③人と関わることが大好き、人の世話をすることが大好きという、三つが大好きな人間に育てる、ということ」（汐見、2018）。

こうした人間に育てるには、子どもの主体性をどのように育むかが重要であると思われる。「保育所保育指針」においても、子どもの主体性を重視した保育を行なうことの重要性が示されている。自分が周囲の大人から大事に思われ、「あなたが大事」という大人の思いが子どもの心に伝わることで、「自分が大事」という感覚が生まれる。そして、そのように自分を大事に思ってくれる大人を信頼し、それが周囲の友だちに広がっていくことが、主体としての心の育ちであり、ここでいう大人とは、保育者の存在に他ならないのである。

また、中坪史典は、子どもの主体的な遊びの原動力として「好奇心」を挙げている。そして、この好奇心のもと「遊びの中で、子どもが何かを見て真似しようとしたり、問題解決のために仮説を立て確かめたり、目的達成のために粘り強く取り組んだりしていたら、その子どもは主体性を発揮している」（中坪、2017）とした。

さらに、子どもの主体的な遊びの特徴が引き出される背景には、保育者が子どもの興味・関心、気持ち、言動などに耳を傾け、それらをいかにして遊びの発展や充実につなげようかと模索する姿がある。つまり、保育者と子どもの関係が一方通行的ではなく互恵的であるとき、子ども

の主体的な遊びの特徴が引き出されるのである。

　子どもが主体的に生活し遊べる環境と、それを見守り、必要なときには援助し、子どものありのままを受けとめることができる保育士が必要である。人的環境としての保育士の資質・専門性が、子どもの学びを支えるために重要なのである。多様なライフスタイル、多様な価値観の中で、子どもが柔軟に生きていけるためにどのような援助が重要なのか、常に試行錯誤していくことが望まれている。

【引用・参考文献】

厚生労働省編『保育所保育指針解説』フレーベル館、2018年

汐見稔幸著・新田新一郎責任編集『汐見稔幸こども・保育・人間——子どもにかかわるすべての人に』学研教育みらい、2018年

内閣府男女共同参画局「男女共同参画白書〔平成29年版〕」2018年
　　http://www.gender.go.jp/about_danjo/whitepaper/h29/zentai/index.html

中坪史典「子どもの主体的な遊びの特徴とそれが引き出される背景」『発達』(特集：子どもをはぐくむ主体的な遊び) 150号、ミネルヴァ書房、2017年

公益社団法人日本小児科医会「子どもとメディア」対策委員会「『子どもとメディア』の問題に対する提言」2004年
　　https://www.jpa-web.org/about/organization_chart/cm_committee.html

ジェームス・J・ヘックマン著、古草秀子訳『幼児教育の経済学』東洋経済新報社、2015年

ベネッセ教育総合研究所「第5回　幼児の生活アンケートレポート」2015年

（長谷川直子）

【監修者紹介】

谷田貝公昭（やたがい・まさあき）

目白大学名誉教授、NPO法人子どもの生活科学研究会理事長

［主な著書］『インターネットではわからない子育ての正解（幼児編）』（監修、一藝社、2021年）『図説・子ども事典』（責任編集、一藝社、2019年）、『改訂新版・保育用語辞典』（編集代表、一藝社、2019年）、『改訂版・教職用語辞典』（編集委員、一藝社、2019年）、『新版 実践・保育内容シリーズ［全6巻］』（監修、一藝社、2018年）、『しつけ事典』（監修、一藝社、2013年）、『絵でわかるこどものせいかつずかん［全4巻］』（監修、合同出版、2012年）ほか

【編著者紹介】

瀧口　綾（たきぐち・あや）

健康科学大学健康科学部人間コミュニケーション学科（福祉心理学科）准教授

［主な著書］『改訂新版・保育用語辞典』（編集委員、一藝社、2019年）、『社会福祉士国家試験過去問解説集2020』（分担執筆「心理学理論と心理的支援」／中央法規出版、2019年）、『新版 保育の心理学Ⅰ』（コンパクト版・保育者養成シリーズ／共著、一藝社、2018年）ほか

福田真奈（ふくだ・まな）

横浜創英大学子ども教育学部幼児教育学科准教授

［主な著書］『改訂新版・保育用語辞典』（編集委員、一藝社、2019年）、『新版 保育の心理学Ⅰ・Ⅱ』（コンパクト版・保育者養成シリーズ／共編著、一藝社、2018年）、『はじめて学ぶ 発達心理学──乳幼児を中心に』（共著、大学図書出版）、『たのしく学べる乳幼児の心理〔改訂版〕』（共著、福村出版、2017年）ほか

【執筆者紹介】（五十音順）

伊藤　亮（いとう・りょう）　　　　［第7章］

　　愛知学泉大学家政学部こどもの生活学科講師

稲場　健（いなば・たけし）　　　　［第6章］

　　新潟中央短期大学幼児教育科講師

尾辻俊昭（おつじ・としあき）　　　［第10章］

　　元・聖セシリア女子短期大学幼児教育学科教授

片岡　祥（かたおか・しょう）　　　［第5章］

　　静岡福祉大学社会福祉学部福祉心理学科専任講師

川口めぐみ（かわぐち・めぐみ）　　［第11章］

　　東京未来大学こども心理学部こども心理学科講師

榑澤令子（くるみさわ・れいこ）　　［第13章］

　　横浜創英大学こども教育学部幼児教育学科准教授

高岡昌子（たかおか・まさこ）　　　［第14章］

　　奈良学園大学人間教育学部人間教育学科教授

瀧口　綾（たきぐち・あや）　　　　［第8章］

　　〈編著者紹介参照〉

谷　真弓（たに・まゆみ）　　　　［第4章］
　　箕面学園福祉保育専門学校保育科専任講師

中村麻衣子（なかむら・まいこ）　　［第9章］
　　フェリシアこども短期大学国際こども教育学科教授

長谷川直子（はせがわ・なおこ）　　［第3、第15章］
　　横浜創英大学子ども教育学部幼児教育学科講師

福田真奈（ふくだ・まな）　　　　［第1章］
　　〈編著者紹介参照〉

宮崎隆穂（みやざき・たかお）　　　［第2章］
　　新潟青陵大学短期大学部幼児教育学科教授

山口昌澄（やまぐち・まさずみ）　　［第12章］
　　高田短期大学子ども学科教授

装丁（デザイン）　小原正泰
カバーイラスト　おかもとみわこ

〈保育士を育てる〉①

保育の心理学

2020年3月10日　初版第1刷発行
2022年2月28日　初版第2刷発行

監修者　谷田貝 公昭
編著者　瀧口 綾・福田真奈
発行者　菊池 公男

発行所　株式会社 一藝社
　　　　〒160-0014 東京都新宿区内藤町1-6
　　　　Tel. 03-5312-8890　Fax. 03-5312-8895
　　　　E-mail : info@ichigeisha.co.jp
　　　　HP : http://www.ichigeisha.co.jp
　　　　振替　東京 00180-5-350802
印刷・製本　モリモト印刷株式会社
